力量

重生之後

王薀老師／著

關於作者

王藴 老師

一位深諳古典美學的藝術創作者；一位古董藝術收藏家；一位雅好品茗的茶藝家，曾是台灣早期開創茶藝文化先進之一，共創立三家當代茶藝文化中心的品茗家；一位精通天文曆算、陰陽術數的追求者，精通及了解各類失傳的命理占卜之學，包括《易經》、占星學、塔羅牌占卜和奇門遁甲，還有各類卜算法……；一位修學各路門派武學的功夫愛好者，從十四歲起追隨道家師父修學形意、八卦、太極拳、螳螂拳、鶴拳、少林彈腿、槍、棍、流星錘……各家流派武學；一位致力保存傳統音樂薪傳的倡導者，創辦國樂——樂府雅韻和南管樂社——梵音雅集。

為了承續宇宙繼起生命，有使命地開辦創立了多處行動組織，包含：中國人文生命科學永續發展協會、中華國際喬達摩佛教發展協會、生命力文創教育基金會、中華度眾協會、薄伽梵有限公司及拾慧文化創意有限公司。

老師更是一位傳承佛教八宗思想的在家修士——擁有來自各派傳承，從印度、中國、不丹、尼泊爾諸法王上師中獲得口訣傳承，足跡踏遍美國、中國、澳洲和歐洲等不同地方，傳授弟子數萬人，遍及海外二十五個國家，再傳弟子為數甚眾。在尋訪心靈導師的學習路途上，遇到不同的奇人異士，包含隱居方外的道長、中國禪林的高僧……；也是一位經常受邀於各國各種團體、古剎、學術機關和學院，不斷舉辦講座、演講、開示的弘法者。

老師宛如電影小說般不世出的隱士，是融合東西方文化傳統精髓及現代西方世界觀的心靈導師。從出生開始便經歷且擁有不同於他人的生命歷程，因此造就了化外出世及種種不凡的體驗與覺受。其所經歷的真實人生故事恰如現代版驚世傳奇般激勵及撼動人心！

老師素愛閱讀各類書籍，從東方的孔孟儒家學說、仙道之學、佛家的三藏十二部經典，以及西方的心理學、哲學和文化歷史各皆深入研習探究，並於各項技藝方面，包含東西洋等各式繪畫技巧、書法、瑜珈、健身都有非常深入淺出的研究，也曾受聘為諸多企業之管理顧問。

在其三十多年的教學生涯中，觀察到現代人身心上充斥著各種不同的困擾及需求，所以總是夜以繼日地運用他多年來不同的人生體悟及知識分享給有緣大眾，並且很生活化地將艱澀難懂的經典理論結合於生活之中，讓更多人能夠更實際地去體會、發現、開展更多的創意，使其能活用在日常生活之中。

老師總是超越眾人眼光的突破及創見，時時刻刻準備著更多能夠解開我們心靈枷鎖的配方良藥，針對現代不同人的需求給予對症下藥的妙方，相信終有一天世界上的人們，能夠在每個心靈的角落找到屬於自己的淨土。

出版社編輯序

力量——重生之後

世界最大的瀑布是在非洲的維多利亞大瀑布，它是由許多平靜的河流匯聚注入印度洋前，由於地勢落差，產生了氣勢磅礴巨大如雷鳴般的震撼力量。

「力量」不是強迫自己舉起超重量的槓鈴；《力量——重生之後》告訴你：「生命既然可以存活於天地之間，就是暗示著每一個人自然有他的潛力，……假如他可以做到真正地相信自己『可以成了此事』，那他最後一定可以大獲全勝。」

《力量——重生之後》是涓涓細流匯聚成最震撼人心的生命實踐力！它訴說一位滿腹辛酸的老婦人，如何選擇讓人生尾音優雅；能夠付出人間偉大至愛的聖者，出發點只是真誠的平凡心；曾經叱吒風雲的頂尖人物，原來也是從跌跌撞撞的數十年坎坷中走出來；大多數人難逃愛情的殺傷力，但堅持不悔的真愛是把凡人推向成功彼岸最強的力量；身分的低微、身體的缺陷，往往讓他更珍惜追求美好目標的機會，他們展現了超出正常人的「力量」，為這個世界增添了令人歌誦的正向元素。

在這個讓人使不上力的堪忍時代——股票攀不上高峰，上班族的薪水荷包日漸消風，世界局勢造不出英雄，再努力也常常做白工。《力量——重生之後》是出現在平淡歲月中的藏寶圖，它淘選出經得起時間千錘百鍊的真人真事，裡面每一個故事都蘊涵著成功的蛛絲馬跡，給用心的探索者提供智慧靈通的訊息，只要能夠堅持信念、珍惜生命的美好，人人都會發掘到自身永不枯竭的力量泉源。

目錄

無所畏懼

毅力堅持

面對自己

有襟度的人，心中從來無喜亦無憂；有涵養的人，自然有自己的洞見，不受俗世之干擾，卓爾不群才是他本來的真面貌。

01

電學之父的啟示

我最懷念的就是讀國中時，經常在下課後和幾個同好跑到位於老松國小對面小巷子的讀書會，裡面有各類書籍足以讓當時的我滿足地一窺家中和學校圖書館所沒有的蒐集。我也經常會借書回去讀閱，也因此認識了圖書館的社工人員，感謝他們經常會介紹我各類的書籍，滿足了我那段時間充當牛角書生的日子。記得那段時光，父親經營食品工廠生產餅乾糖果類的生意，生產過後送貨員會把物品送到各區的糕餅店和雜貨鋪，父親因為生意繁忙無暇照顧到我，因此，我常常跑的地方就是一位遠房長輩的住處。她家中也有為數不少的藏書，每次得到她肯許借閱之後的那份歡喜，至今不忘。她有機會便經常跟我講述過去受日本教育的時候要讀書是多麼地困難，現在每當回想起在昏黃的書房下，她那銀髮稀疏、傾斜著頭、兩隻手習慣性交叉在胸前的身影，堅毅單薄的嘴唇彷彿在告訴人們她雖然是單親媽媽，但卻有著過人的意志力，而輕爽工整的臉龐所顯示出的優雅氣質，表示出她也是腹有詩書之人。

十三四歲的時候，她給了我《太上感應篇》白話故事集，那時對於一個國中生的古文基礎來講顯然有些吃力，但對於日後閱讀文言文卻有莫大的助益。除此以外，為了要讓我明白有書可讀是多大的幸運和福氣，並激勵我多讀書，她也經常對我講述古代一些偉大人物，他們是如何辛苦地在汲取學問。印象之深刻，至今眼睛一閉上，腦中就會有一大串的名字湧現出來盤旋著。說良心話，這些偉人的事蹟還真對我起了不少的作用。例如這位遠房伯母提到范仲淹家中曾經窮到貧無立錐之處，但是他因為喜好讀書，為了能用最經濟的方法解決民生問題，他把米煮成粥，凍結之後再把它切割成數塊，唯一的佐料只有少許的鹽巴和跟寺廟要來的醋，每天就這樣充饑，夜以繼日地苦讀。數年之中，讀睏了也不敢睡覺，就在寒天之中用冷水沖自己的臉頰，好讓自己精神清朗起來繼續苦讀。可見偉大的人一定有不平凡的過去。

還有劉孝標也是因為家中太窮，夜晚沒有錢點油燈讀書，他就借用鄰居家中的餘光夜夜這般苦讀。後來他想到了去找別人家不要的麻繩結成辮子用火燃燒，藉此取光讀閱書籍。另有一位能夠影響千古後人的蘇秦，主要也是他早年苦讀有成所致，當年他為了要提醒自己讀書時不要打瞌睡，乾脆把自己一頭長髮懸掛在天花板上，只要一低頭昏睡的時候，立馬就會痛醒過來繼續讀書。最令人印象深刻的是車胤，他抓了許多螢火蟲之後把牠們放在一個布囊裡面，裡面放射出光芒可以讓他不受限地看書，他從小就在艱苦的環境中苦讀成功，後來一生中功成名就，當過將軍，也當過吏部尚書。

日本有一位非常著名的大思想家——二宮金次郎，我曾經造訪過日本多次，幾乎在任何的學術單位都可以看到他的塑像。他的家境極度貧寒，早年父親就過世，整個家計都是他在負擔。雖然貧窮，但是他用盡一切方法就是要手不釋卷地讀書，即便是靠做草鞋賺錢的那段苦日子裡，他也不忘找書來看。所以他能夠成為著名的農政、經濟改革家和他的苦讀出身是極有關係的。

我因為受到這位長輩的薰陶，在往後的過程中，養成習慣性地會去留意各個國家的重要人物之中，是否有一些值得自己學習的榜樣和對象。當然，學識和智慧是成為一位領導者所需具備的重要條件，所以，基本上幾乎這世上所有偉大人物的成就，都離不開苦讀以及不同於一般人的困苦遭遇，這是所有歷史上成功典範裡不可或缺的要素和過程。

在西方的歷史上，其實我也看過許許多多令人尊敬的人物，但有一次我看到一篇描述十八世紀一位英國科學家法拉第的報導。他在當時其實已經是家喻戶曉、很受人尊敬的一位傳奇人物，可是窮其一生，沒有屬於自己的房子，到他退休的那一天，仍然是一位無殼蝸牛，住在公家所配給的宿舍裡面。這屋子他已經住了幾十年，到了退休那一天，他和妻子兩個人拎著兩個皮箱，心裡正在納悶接下來是否要在馬路上打地鋪的時候，甫出宿舍大門，令他嚇了一大跳，原來只有在國家慶典或女皇生日的時候才會出現的皇家大樂隊，和當時的維多利亞女皇（這個女皇帝應該是英國歷史上在位極長的一位女王，總共歷時六十二年多，她的一生也頗富戲劇性，而且在位期間還同時擔任印度皇帝）赫然就站立在他宿舍的大門口，早就等待了一段時間。女皇看到他狐疑的表情和窘迫的神情，就趨前向法拉第握手，同時對他說：「希望你能同意我對你的安排，到我早就為你及夫人準備好的住所，這住所是皇家的住所，你不用擔心一切的住宿和花費，同時你為國家的貢獻及人類的付出，是值得我這樣子對你，希望你不要拒絕。」女王早就把法拉第心裡的顧慮和疑團在這之前全部都幫他設想好。法拉第夫妻兩人也不好再說什麼，才勉為其難地接受安排，住進了這棟別墅。而且女王還很細心地希望他能夠專心地繼續研究生涯，所以也備妥了一群服侍他生活起居的傭人。

當我看到這段文字的時候，心裡就充滿了納悶和好奇，究竟這位法拉第有何魔力，竟然可以使這位令人望而生畏，在政治生涯上極具有魄力的一代女皇，對他如此地折服？

和大多數的名人一樣，法拉第也沒有出生在太好的家庭裡，父母親並沒有受到很好的教育，而且父親是靠打鐵維生，再加上身體狀況不佳的情形下，經常有一餐沒一餐。即便如此，他的父母親知道自己就是因為過往沒有受到良好的教育，才無法躋身於上層社會，父母不希望他們的下一代步入他們的後塵。然而雖然很希望他可以接受良好的教育，但因為家中實在一貧如洗、敝車羸馬、家徒四壁，能夠餬口已經不易，怎還有餘錢去受教育？因此法拉第為了要幫助家裡的生計，平日裡除了讀小學之外，還要去當工人，在極小的年紀，就還要去一家書店裡面幫忙釘書，賺取讀書費用。這也許就是上天給予他極好的一個機會吧！他在幫客人裝訂書冊的時候，也順便閱讀過每一本送來裝訂的書。這些書包羅萬象，在他年輕的腦袋裡，裝滿了浩瀚無垠的知識，因此在這幾年當中，他找到了生命中最有興趣的學識，那就是科學和化學。他在平常沒打工的時間裡，按圖索驥、依樣畫葫蘆地摸索實驗和做研發。

命運之神一直暗中眷顧這位天才的科學家，在偶然的機緣下，他結識到了當時英國最有名的科學家，在一次演講之後，法拉第把他的筆記寄給了這位科學家——戴維，沒想到當時僅僅只想嘗試看看的心理，卻得到了大師的回函，而且破格例外地把他引進到他的實驗室當助理。戴維自從提攜了法拉第之後，他的研究生涯也得到了許多意外的突破，戴維曾經在自己的晚年說過一句令人感動的話：「我一生當中，研究發現過許多元素，但令我最驚喜的，是我發現了法拉第。」

我們知道人類在一百年前是過著沒有電的生活，也沒有任何電動化的設施，這些都是經由法拉第結合了過去電磁原理，加上自己的苦心研究電流和磁鐵之間的關係，意外地發明了現在的馬達。這對人類來說是一項很方便又極大的突破，人們有了馬達之後，在生活上的確會方便許多。可是事情並非那麼單純，在當時有一批研究學會的人，對於法拉第這位名不見經傳，又沒學識地位的小跟班，早就不屑一顧，經常嗤之以鼻。所以當法拉第發表了自己的發明之後，得到的並非是掌聲，而是一連串的攻訐詆毀和謾罵。許多人在這樣子的狀態下，也許就會躲避或把自己封鎖起來，可是法拉第反而不把攻擊當作挫折，以默默地繼續做研發代替不必要的衝突。他心裡同時許下了一個願望，在他有生之年，如果有機會將儘可能地提攜後進，幫助世人。這個動力支持了他一輩子，研發出不少對人類有利益的創建，同時也有許多後來的科學家，經由他的推薦，讓這個世界的科學領域更加地突飛猛進，例如發現溫度、熱力學三定律的凱爾文和焦耳，都是其中的例子。

法拉第繼馬達之後，對人類還留下了極大的發明，那就是從電磁感應裡發明了世界上的第一部發電機，這發電機的原理也對人類在電學上貢獻了極大步的里程。從這裡也可以看出來法拉第的睿智，他無聲地埋首在研究台上，把自己研發的產品，用來對眾多詆毀者優雅的回應。他真的是極有智慧的一位科學家。

法拉第的一生給了我不少的啟發，他無視於名利和財富，只想默默地替人類做出奉獻。他終其一生膝下無承歡之子，只有他和老婆比肩相親地相守一輩子，但他卻可以把小愛轉成大愛，無計自己的身分和年紀，到處為小朋友演說自然科學。到了晚年，他罹患了嚴重的頭痛症狀和間歇性的失憶症，可是這並沒有影響到他在科學崗位上面繼續奮鬥的精神，這令人十分地敬佩。

我經常在想，什麼樣的人和什麼樣的格局，才**能在毀謗、中傷和連續的打擊中，還能夠堅守自己的立場和理想？那便是成大事的人，可以從迷失中認識到覺悟所在處！能成就大業的人，自然可以胸懷溝**

罊，所以逆境時依然可以處之泰然。有襟度的人，心中從來無喜亦無憂；有涵養的人，自然有自己的洞見，不受俗世之干擾，卓爾不群才是他本來的真面貌。

02

醜小鴨也會變天鵝

全世界的國家中，擁有兩首國歌的並不多，尤其在歐洲，丹麥是蠻特別的一個國度，兩首國歌《有一個好地方》和《國王克里斯蒂安站在高聳桅杆上》之中，我對詩人奧倫什雷格所寫的這首《有一個好地方》的內容很感興趣，中文意思大致如下：

有一個好地方，
有濃密的山毛櫸，
在波羅地海的岸畔，
有著起伏重疊的山林，
這就是古老的丹麥，
這也是芙蕾雅的殿堂。

在古老的年代，
全副武裝的將士們，
戰事停歇中休息，
再度面對敵人戰鬥，
現在他們的遺骸，
在墳墓中安眠。

這片土地依舊可愛，
因為蔚藍的海洋繁忙熱鬧，
衝天翠綠的森林依舊，
高貴的婦人和標緻美麗的姑娘，
男士們以及好動的小伙子，
依舊住在丹麥島上。

國王和祖國萬歲！
每個丹麥人萬歲！
他們一直辛勤工作，
只為了古老的丹麥永存，
就像藍色的海韻反射出來的，
聳立的山毛櫸林樹冠。

歐洲所有的國家中，最浪漫和富有人情味又溫馨的，應該就屬於丹麥了，目前它也是全世界人類發展指數排名第四的國家。正如同它的國歌中所敘述的一般，丹麥並不是一個新的國家。在最近丹麥的一個小島上，就曾經被考古學家挖出許多在八千年前左右就已經存在的當地土著的使用品和文物，從人類有歷史開始，丹麥大約是在十世紀到十一世紀之中，擁有自己的版圖和人民，最近的歷史又可以追溯到二次世界大戰結束後，丹麥又再度成為完整的一個國家。現任的女王——瑪格麗特二世也是一位鑾優秀的女君主，她是從她的父王——弗雷德里克九世經過史無前例的王位繼承法修改之下的第一位女性國王，四十年來在她睿智、懷柔獨特的國際外交手腕之下，讓丹麥躍升於全世界十大國家之一，可見這名不讓鬚眉的女國王，定有她獨特過人之處。

就如同丹麥的國歌歌詞上所寫的，丹麥的子民無論男女都是奮發向上的，他們擁有堅強的鬥志和過人的意志力，由於高聳的群山、四周碧藍的海岸，自然為這塊土地孕育出不少傑出的人才。如對十九世紀之後整個丹麥畫家影響最深遠的克里斯多福・威廉・艾克斯貝格，他的學生之中也出了極多有傑出表現的畫家，目前丹麥的雕塑家雖然為數不多，但巴特爾・托瓦爾森在丹麥雕塑的影響力也是頗大；現在享譽歐洲和全世界最著名的丹麥建築師——約翰・奧託・馮・斯普里克森，曾經因為替法國設計了新凱旋門而一時鵲起；還有丹麥的攝影技巧也是歐洲之冠，其中的佼佼者如雅各布・奧爾・索伯可說是丹麥的國寶。

丹麥由於人民天生豪情浪漫，加上土根性極重，因此從早期至今培養出來的人才幾乎都是屬於大自然歌唱、舞蹈或旅遊和設計為主的居多，而安徒生在丹麥的歷史上應該是絕無僅有奔逸絕塵、百年難有的曠世之才。

其實看過安徒生相片的人，都會有一個同感，他自己筆下所描寫的那隻醜小鴨，莫非就是在自嘲地比喻自己，因為他真的是其貌不揚，有時披頭散髮，五官略顯突兀——高聳的額頭、特大的鼻子、深陷的雙眼、稀疏的雙眉，再加上不善辭令的個性，使得他青少年時期充滿了種種艱辛。童話故事的內容其實也幾乎是安徒生一生早年艱辛的縮影，父親在很小的時候就因為得了重病撒手人寰，母親不得不改嫁，這時候安徒生只能到織布工廠當一名工人，但是由於他生性內怯喜歡獨處，因此圖書館就是他放假必去的處所，特別是對於大文豪莎士比亞所寫的文章，幾乎都可以朗朗上口。他雖然對戲劇極感興趣，但是因為貧窮的緣故，哪有錢買得起一張票？所以每當有演員登台作秀，他都會徘徊在劇場門口，直到散場為止。雖然十六歲之前，他飽受貧窮之苦，但是偶然的機會，一位會算命的女巫告訴他母親說：「你的所有小孩當中，安徒生將會是光耀門楣的特殊人物。」這事情讓安徒生在黑暗之中，如同點燃一根火柴一般。在青少年時期，最幸運的一段時間應該是屬於他曾經用他清亮的嗓音引起了唱詩班校長的注意，那個時期他也曾經在上流社會之中受邀演唱，賺取微薄的零用錢，但好景不常，有一年他變嗓了，他的生計又開始沒著落了，原本以為可以改行當一名舞者，卻因為他高大僵硬的身軀而無法勝任。

也不是所有偉大的作家或文豪一開始便成為知名作家，安徒生自小就喜歡閱讀，因此他也曾經躍躍欲試地嘗試寫作，或者是想找機會幫劇院寫些劇本，但是經常被打回票，甚至於作品都被丟棄在字紙簍中，有的還會把它直接燒毀掉。他也曾經碰過一位貴人，幫他申請進入很好的學院讀書，但是他的年紀比同年齡的都大，還會被年輕的同學們霸凌，連院長也經常在群眾之中羞辱他。一直到他有機會上了大學，也畢了業，原本想靠稿費維生，但在命運之神的撥弄之下，他屢屢被退稿，即便是好不容易所寫出來的稿件，也會被同行竊笑、冷嘲熱諷和排擠，這時候原本以為會廝守終生的女友，因為無法和他同甘共苦，也離棄了他。他一時之間遭受到了種種的傷害與刺激，他只能離開國門和他的傷心之地。這段時間，到他離開國門之前，其實就是日後讓安徒生能夠揚名立萬的幾本故事中《醜小鴨》的影射。我曾經找到一段話，這段話應該是支持安徒生一直極有自信地走完創作路程的一句話，他自己曾經說過，也曾經勉勵過年輕人，他說：「**對自己要有信心，一定要堅定地相信自己天生就是最上等的鵝蛋，因此就算你是在窮酸的鴨群中孵出來也無所謂。**」這句話證明了安徒生從其一生的早期困頓和顛沛流離之中，是如何地用堅強的意志力，讓自己不至在險惡的大海中被巨浪吞噬和淹沒。

三十歲開始，安徒生除了已經底定了他在詩壇上的地位，同時他也開始嘗試著寫童話故事，沒想到這一寫，寫出了他的天地，寫出了他的世界，也影響到了整個歐洲文壇，一度比雨果等人的知名度還要高。安徒生在往後的寫作生涯中，陸陸續續創作了感人肺腑、膾炙人口的童話作品，例如《海的女兒》——也是描寫人性和激勵人心非常正面的一部作品。有許許多多的電影和文學作品也都是起源於安徒生的這部故事。在丹麥的首都也有著名的雕塑，在哥本哈根默默地守護著大海，他同時也是丹麥的精神指標。

安徒生終其一生都是獨自一人，並沒有結婚，可是他對於他的初戀情人卻始終念念不忘，在他往生的時候，旁人從他身上取出來了一個布囊，布囊裡摺疊著一張已經塵封剝落的紙張，原來是他初戀情人寫給他的一封信，不難發現他是一位深情而又重義的人。

當我們今天在讀誦著這位重要作家的作品時，自己會有一個聲音告訴自己，安徒生在他早年如此的窮困生活當中，那種旁人無法體會的日子裡，一直是步雪履穿、衣不蔽體，旁人也無法接濟的東郭之跡，如果沒有理想和抱負，相信許多人早就誤入歧途或放棄了自己的本衷，在文學的世界裡也就沒有這一顆西方閃耀的明星，能夠流傳至今有這麼多的暢銷作品，像《國王的新衣》、《賣火柴的小女孩》，到現在已經被翻譯成一百多種的各國語言，這不是一般普通作家可以做到的。他影響的層面不是只有文字和書本，許多的電影以及現在流行的動畫靈感，也都是取材自安徒生許多的著作所創作出來的。安徒生，我深深地對他致上最誠摯的敬禮。

現代的世代每個人都在尋找遮蔭的大樹，但是自己卻從不播撒種子，現代的人每個人都爭相想要爬到金字塔的最高端，可是卻從不腳踏實地。**人如果可以很嚴謹地看待自己的每一步路，很尊重自己的處世原則和待人接物，外表可以輕鬆自在，可是內心卻懷著戰兢臨深、自重自愛的態度去經營自己的人生，有時我想沉默是一種激發潛能的方法。**曾經看過一本哲學思潮的書，裡面寫到人類最大的壓力來自於語言，仔細想過之後似乎頗有道理，語言帶動了許許多多的問題，包含人跟人之間的衝突與矛盾，社會上負面的輿論，國與國之間一言不和所產生的戰爭，所以如何仔細地去傾聽和觀察心中所要表達的，遠比未經過思考衝口而出所帶來的傷害要少得多，這是值得我們現代人探討的。一個作家可以影響好幾個世代，我們要去學習他如何辦到，他的生命特質和我們有何不同？他和一般人不同的細膩處在哪裡？我深深地覺得**多用讚嘆和欣賞的角度去與人相處，會替自己的生命創作出不同的詩篇。**

03

囧的啟發

如果要我來說這世上誰是最成功又頂級的業務專員，我想我一定會推薦釋迦牟尼佛、孔子、老子和耶穌基督等佛和聖哲。所不同的是祂們所推銷的是無形的產品，是令人如何灑心更始的建議書，同時也是推薦世人如何繩愆糾謬的白皮書。

釋迦牟尼佛很善巧地用無比的智慧教導人們如何用般若提升自己的性靈，打破無始以來內心被塵封的智慧和無明，以及一切的煩惱和恐懼。對於貪心重的人，祂會用善巧讓他消除對貪慾的執著；對於脾氣暴躁、無法控制自己情緒的人，祂也會教導如何用慈悲同理和忍辱心，去轉化自心、感化他人，消除彼此的冤愆；對於那些自以為是，固執又不聽人勸的人，祂會建議這些人，多去了解這世間所有的一切都離不開因緣生滅，其實沒有什麼好執著的。人世間的一切，合則聚，因緣到時，自然就會崩壞離析，重新又墮入生死的羅網中；關於那些傲慢的群眾，祂會教導世人如何地謙卑自牧，也要世人警覺自心，登高必墜，名滿必毀，財多招禍等等的道理。要人們多思惟自己所擁有的一切都是來自於善緣和過去世所累積些許的福報所致，沒有什麼好驕傲的，久而久之，便會與人和善。這世界上的人們由於自私自利的思維模式，養成了除了自己之外，沒有任何人是可以信任的，所以人與人之間的矛盾和緊張的關係都出自「疑」，釋迦牟尼佛對於人類猜疑的本性，也對不同智慧的人提出了不同的轉化模式。

對於那些具有修行種姓和智慧的人，釋迦牟尼佛會告訴他們轉化與生俱來的五種不好的習性，運用五方佛的智慧教導他們去對治自己的貪瞋癡慢疑，直接看見自己塵封迷失已久的自性。屬於大乘種姓的人，釋迦牟尼佛甚至於有獨特的量身訂做法要，使他們可以直下見性，澈見本來，如祂對待迦葉那一幕。總之，祂傳奇的一生，對整個人世間就是一部完整的百科全書。祂所有的話語就是娑婆世界裡面所有迷失人的圭臬，雖然祂自謙地說四十幾年來祂沒講過半句話，但是，祂的弟子們卻為祂整理留給世人最重要的頷下之珠和瑰寶奇珍，這三藏十二部早已流傳在世間兩千多年。

真正的宗教並非傳遞迷信或控制心靈，相反地，它是開發啟迪人性。讓人們在傷痛的時候、迷惘的時候，自己可以和自己和解，並且離開錯誤的方向，尋找到修復的技巧和方法。因此釋迦牟尼佛也好，儒家的大家長孔丘也好，乃至於洋洋灑灑講述《道德經》的老子也好，或者是幫世人背負一切罪過，被釘在十字架上的耶穌基督，祂們一生所詮釋的風範，所留下來的示現，無一不都是在告訴著世人，撫慰著世人，開啟著世人，指引著世人從極迷處頓醒，從極難處放懷，從冏迫處寬大，從極逆處展現襟度。臨喜不歡，遇卒不怒，也讓世人們有智慧可以施展淩鑠千古之智，並且可以自在瀟灑馳驅自心，不受拘泥，展現謙退、涵容、寬恕、縱懷。無論是在簞食豆羹之間，或在月朗晴空之際，始終可以游刃有餘地不使路塞，不使智窮。總之文章是千古之事，聖哲之言如電光風言，沒有時間、地域的分野，因此影響至深。

由於我喜好讀書，幾乎從各類宗教到一切的文哲、風情、藝術、收藏……，幾乎都有近乎癖好的狂熱，也留心上下五千年、中西千百家和文章相關的人、事、物，因為有智慧的人所講的話足以引領風潮，所以至深至要。

在沒有視頻傳媒的年代，書和報章是人們藉以了解這個世界和撫慰自心唯一的憑藉物，所以書本在某一個世代中，扮演著極大的角色。好的書、好的作者足以影響他們的粉絲一切的心智和思想，但是要能創作出一本好的書，幫世人做到警憒覺聾和金鼓喧闐的效用，作者本身的心路歷程和高度的觀察力，及濟世的慈悲心和正向的發心很重要。

當然截至目前為止，再怎麼厲害的暢銷作者，他的銷售量永遠也比不上佛經和《聖經》，但是如果可以讀到一本不是搖唇鼓舌、言之無物的好書，對於現代人來說這無非是既達情又適意的美事。我們雖然無法期待再有佛陀出世或者耶和華再臨，但最起碼總是有個小小的願望，可以有好的文章看，有好的演說聽，有優良人格特質的領袖可以指引他的子民一條光明的坦途，我相信這是這個世紀所有人的心聲。

在二十世紀的前期，有一位原本是軍人出身的奧格．曼狄諾，他和大多數的人一樣擁有正常的收入、家庭、妻小，但因為一時的愚昧，做了大多數人都會犯的錯誤，他的家庭破碎了，老婆帶著小孩離開了他。那個時候他頓失依所，整個人剎那間失去了方向，整天失魂落魄、蕩蕩默默，像孤魂野鬼一般，工作有一搭沒一搭。為了麻痺自己，經常出入酒吧，燈紅酒綠，與酒為伍，頹廢消極是對他當時的形容。經過了極長的一段時間，他也試圖要尋找人生正確的方針，剛開始他經常去住處不遠的圖書館借書，尋找一些和自己相同遭遇，爾後成功崛起的人物故事。就這樣，他前前後後看了數百位名人的傳記，那段日子他就是靠酒精和書本，幫助他度過慘綠的時光。有一天，似乎有一個聲音指引他去到一座教堂，在那裡遇到了他人生的導師，送了他幾本影響他心性和未來路向的書籍。從那時開始，他的興奮無以復加，看了這些書以後，如同大夢初醒，人生有了新的方向，生命如同鴻蒙初辟一般。他開始全身由上至下充滿能量，躍躍欲試，試圖讓自己有一次嶄新的開始。他永遠不會忘記當時握緊了拳頭，對自己所說的一句話：「**從現在開始，我馬上就要做和以前不一樣的事情，我要付諸行動！我從此刻起，要從原本布滿創傷的老繭中掙爬出來，要用我的愛心去面對外面的世界，過嶄新的日子。**」

就這樣子，他從原本是一位愛書的讀者，在受到感動、啟發之後，相信並期待自己有朝一日，也可以用他的筆拯救和度化那些曾經迷失自我，人生已經變質，並且因為一時的迷失，而讓自己處於飄茵墮溷之境的人們，讓他們有一個正確的方向。於是他開始嘗試著寫作，也試圖成立雜誌社，皇天不負苦心人，他的寫作生涯和雜誌社業務蒸蒸日上，到了四十四歲那年，他結合了人生的體驗和前人的智慧結晶，完成了一本書——《世界上最偉大的推銷員》。一時洛陽紙貴，這書在短短的幾年之內，暢銷至不同的國家，也翻譯成數十種的不同語言，銷售量居然達到接近兩千萬冊，幾乎影響到這個地球上千千萬萬的人，影響所及遍及各個階層。

也許他的寫作風格深深地掌握住那個世代的人心，包括人們心中所需要的、所恐懼的，同時也給人們一些金科玉律的方針。也因此激勵了他不斷地筆耕創作，例如《世界上最偉大的秘密》、《世界上最偉大的奇蹟》……，這些書不斷地把他的知名度推上了命運的頂端。接著全國各處邀約不斷的演說，他把他自己的經歷和奮鬥的過程，在不同的場所激勵著不同的人心。他的書和他的演說幾乎是所向披靡一般，風行草偃，影響著大多數的人，幾乎到了人手一冊的地步。

仔細觀察和閱讀，他的重點主要在於啟發和誠實地面對自己，我認為這對現代人是很需要的。他的語錄裡面很忠實地書寫著警世的箴言，例如：「我的幻想毫無價值，我的計畫渺如塵埃，我的目標不可能達到。一切的一切毫無意義——除非我們付諸行動」、「人各有所長，各有所短。我們既不應以己之長，比人之短；也不應以己之短，比人之長」、「個性必須建立在道德情感上。道德情感對於成功的個性具有不可替代的重要性」。這些定律說穿了，都是很平鋪的話語，可適用在現代人的身上而且十分地切用。因為大多數的人都不能真誠地面對自己，大多數人也都不能實在地和自己溝通，並且大多數人也都合理化自己，為了讓自己的心舒坦一些。

他有一個不錯的理論，那便是**用微笑來做為溝通的橋樑**。不要認為微笑是很簡單的一個動作，沒錯，嘴巴、臉龐都在我們的身體上，可是它不一定聽你的指揮。現代人由於習慣性的保護和武裝自己，對外界始終都隔著一道牆和防禦心，所以要人們每天對著陌生人或心裡有芥蒂的人，打從心裡不造作地微笑，或暢懷微笑，或笑意迎人地打招呼，似乎都是每個人的罩門。曼狄諾準確地掌握人們的這個毛病，所以他提倡微笑運動。他到各處演說時，也都是在鼓動這個定律。無論是對個人或團體，他認為只要你肯用心地對別人微笑，你的人際關係、家庭關係、親子關係、上司和部屬之間的關係，都可以改善，也可以緩和彼此之間的緊張。他舉用了許許多多的定律和學理，這在當時社會各個階層裡面，引起了極大的奧格．曼狄諾效應。

人的一生成敗與否，不在於他曾經有多荒唐、有多錯謬，重點是在於他改變的點是否在對的時機。如果可以從挫敗中獲得激勵和反思，失敗的代價和錯誤的經驗是值得的。重要的是，大多數的人會把許多的失敗原因當成是藉口，成為下一次失敗的台階，更有大多數的人把失敗的原因歸諸到他人身上，甚至於是自己身旁的人，這是錯誤的！

只要你肯面對自己的悶境和困頓，不逃避，不推諉，誠實勇敢地面對，並且堅強微笑地從失敗處重新爬起來，你極可能就是影響下一個世紀的重要人物。

04

自己就是力量

很多人應該都看過美式足球賽，美式足球其實就是橄欖球，比賽的重點主要是能夠把球帶往對方的區域，達陣了就算得分。這種運動最初起源於十九世紀的英國。一八六九年在美國的第一場比賽中打開了美國足球史的序幕，如此，近百年來也孕育了不少各領風騷的名人，例如：托尼．納森，還有傳奇性的全能運動員——金．索普……等等，其中令我最為欽佩的是來自於雪城大學的厄尼．戴維斯。

在五十年前種族問題尚未平息的年代裡，這一位黑人運動家注定要承受很多羞辱和歧視，即便他的聲名已經全美皆知，他的球隊也多次入選為全國最有名的第一球隊，然而，他在公共場合卻常常因為膚色的關係，受到不平等的待遇，例如：曾經為了要參加球賽，所有的白人球員都可以進住當地最著名的貴族飯店，而他和其他兩名黑人球員則必須遷住到很破舊的小旅館。在他甫被挑選進入當時所屬的大學時，也受盡了白人學生的白眼和揶揄。

戴維斯從小在失怙的單親家庭出生，並由祖父母撫養成人，他的母親也沒有能力撫養他，讓他自小就必須依靠撿拾瓶罐賺取些許的零用錢，但戴維斯不會因為父母長期不在身旁，而在心靈上有任何的創傷和負面的情緒。由於祖父是一位很有修養的基督教徒，從小耳濡目染之下，對於他內斂忠實的性格有著很大的啟迪作用。日後，無論是在與人共處上或者遭遇到挫折時，祖父的耳提面命和忠告，對他都有著極大的鼓舞作用。

當戴維斯剛加入一開始所屬的團隊時，教練為了激發他的潛能，百般地磨練他，但是他鋼鐵般的堅持力並沒有因此而退縮或放棄，反而愈挫愈勇地打進全國賽，並且得到最高的榮譽。後來，在棉花盃全球比賽中他締造了無敗戰績，也因此被票選為全國最有價值的球員，曾經有著名的體育記者稱他為「快車」。但在這期間，戴維斯要領獎時，也碰到了很大的挫折——他被通知領完了獎之後他得立刻離開頒獎現場。甚至於在慶功宴時，他和其他黑人隊友也被告知中途必須離開，這些都是當時美國社會環境裡，種族歧視的一個普遍的現象。雖然戴維斯是美國史上第一位被贈與最大殊榮——海斯曼盃中唯一的黑人，但在種族歧視的眼光之下，這份殊榮似乎也並沒有為他帶來多大的好處。

然而，這一位二十出頭的年輕人並沒有因此感到氣餒或自暴自棄，他反而以溫煦忠誠的態度，主動向白人社會釋出他的熱誠和光熱，因此博得了白人社會極大的正面反應。只可惜這位優秀的黑人運動員在二十三歲時就得了急性白血病，這在當時曾經引起極大的關注。他精采卻短促的生命，連當時的美國總統約翰甘迺迪都極為不捨。在一次訪問行程中，甘迺迪曾經碰巧遇到戴維斯正受邀接受一個頒獎，當時約翰甘迺迪曾主動要求與這一位出色的黑人運動員見面，並且希望能夠當面激勵他，這對戴維斯也有極大的鼓舞作用。

後來戴維斯逝世的時候，約翰甘迺迪還親自發電告文，寫道：「厄尼・戴維斯是一位很了不起的年輕典範，他成功的特質一定會在未來的歲月中，不斷地鼓勵引領美國新一代的年輕人。」在美國運動史上，從來沒有一位運動員逝世的時候，有上萬名以上的球迷為他守候和送行。在戴維斯短促的二十三年生命中，其實他已經把自己的生命能量發揮到最極致的境界。

當你自己覺得內心正背負著無限傷痛或怨懟等負面情緒的時候，請你要記住，這個世界上沒有任何人可以撫平你的傷痛，也沒有任何人可以使你的情緒立即平復，更沒有人擁有神力可以讓你的負面想法立即導正。可以為你療癒的人，就是你自己！可以鼓舞你的人，還是你自己！

當你碰到任何棘手的情緒問題時，你必須疼惜自己的情緒，嚴肅地面對自己的傷痛。因為**只有自己肯定自己，才是真正的放下。無論是多負面的情緒，也需要用平靜的心去面對，因為這才是真正肯定自己的態度。**

唯獨你能獨自面對自己的時候，才有辦法真正看到力量的展現。

05

愛過才知情深

說到美女和才女，以及現代人所說的女神，是由東西方文化上差異所產生的形容詞，不外乎是用來比喻能夠吸引大量粉絲的女性，她們往往具備其他女子所缺乏的一些外貌身段和內在心靈特質。例如在二十一世紀，西方大多數的人受到傳媒的影響，都會以公眾所圈選的女性，成為自己心目中的偶像。像二十一世紀有看電影的人都會被瑪麗蓮夢露或伊莉莎白泰勒所吸引，她們或許沒有東方人所說的沉魚落雁、閉月羞花如此地優雅和慧黠，但是她們在螢幕上經過包裝所營造出來的那般香溫玉軟，以及情愛電影中和劇中男主角調情下的眼中含煙，有如盈盈秋水般會說話的靈眸，無不讓人為之著迷。西方人給美女所下的註腳，不似東方人一般地楊柳宮眉或翩若驚鴻。伊莉莎白泰勒在西方素以玉女著稱，因為她在童星時期，一出道便深深地吸引住大部分西方人的心靈。眾所皆知的《青樓豔妓》更是她演藝生涯上的巔峰之作，幾乎成為那個年代所有女性爭相仿效的偶像。雖然一生中結婚多次，與多位著名演員和公眾人物有不少的情史，引起極多爭議，但不可否認，她是二十、二十一世紀女神的代表和象徵。

當然隨著女性主義的抬頭許多出色的西方女子漸漸地在工作場所上嶄露頭角。其實從十八世紀以後，西方也出現了極多擁有特殊才藝和智慧的女性，如曾經寫過《第二性》、《女客》作者——西蒙·波娃，為了爭取性別上的平衡而努力，也為大多數的女性爭取權利。從她與存在主義人士——薩特的戀情，便可以明白她是多麼地特立獨行。

由於她的著作等身風行一時，因此她的理念影響了許許多多女性，爭取獨立和性自由也蔚成一種風氣。即便她有極大的影響力，但是她個人對於性別上的處理和不確定的感情哲學觀，也引起了持續不斷的爭論和筆戰，甚至於她的書還曾被列為禁書。雖然她曾經得過文學獎，也被評為世界上當代擁有最多粉絲的作家，但是由於她的前衛和敢言，終其一生總是是非不斷，直至入土之前都是如此。

另外一位和西蒙．波娃身上流淌著一樣熱血的前衛女士——鄧肯，她的一生也極富神秘多變的色彩，只是她沒有像波娃這麼幸運，能夠讓廣大的民眾認識她。她人生的後半段也極富悲劇色彩，在一次的車禍中，她的頸部嚴重折損而死亡。她令人讚賞的是引領了西方即興現代舞蹈的創舉，讓西方的舞蹈又更上層樓。

無論東方或西方，對於一個人的人格發展和人生觀的影響因素中，原生家庭和成長史是關鍵。例如同樣在西方世界，雖然受到的都是西式文化的薰陶，但卻孕育出不同特質的人格模式。像彼得兔的創作者——華翠克絲．波特就是我鑾欣賞的一位女性作家。在那個世代，要以描寫動物的生態成為專職的作家並不容易，她幾乎把作品遞交給所有可以嘗試的出版商，但卻沒有任何一家願意採用。可是她沒有因此而氣餒，最後有一位獨具慧眼的出版商看中了她的作品，幫她陸續出了日後家喻戶曉的《小兔班傑明的故事》，沒想一炮而紅！當時幾乎每一個家庭都爭相購買此書，也成為家長們茶餘飯後的討論話題。她以清純正向的思想，為許多人寫下了優良的讀物，也伴隨著許多孩童歡愉的時光。

華翠克絲．波特的突出表現吸引了她未來的伴侶，雖然家人極力地反對，她以堅定的決心鬆動了家人，最後如願地步入了禮堂。兩夫婦以與生俱來的愛心，以及對生命熱愛的胸懷而飼養了大批的動物，尤其他們所飼養的綿羊更在全國比賽中多次獲得首獎。由於她跟兔子有著深厚的情感，許許多多創作的靈感題材也都來自和兔子的互動，並且寫下了一篇篇感人又活潑的兔子故事。她的一生平淡中充滿了傳奇與激勵的色彩，不會因為自己的知名度而拒人於千里之外，反而成天積極參與英國的公益活動，目的是在保護生命和維持環保，讓他們生長的空間永久不受污染，也希望讓大家能夠享用上天所賜予的如幻似夢的美好家園。

雖然舊社會經常引用「丈夫有德便是才，女子無才便是德」這句話，意思是指女性只要能夠安分守內室之德，對丈夫裝聾作啞、言聽計從、溫順賢良，一切以丈夫唯命是從，便是有德的女子；但也有人說女子若是有才，又兼具女德，這就更不可多得。無論是東方西方，從過往到當今，都出了許多不讓鬚眉的巾幗英雄，這些女性有些外貌豔若桃李、娉婷優雅、婀娜翩躚，但內在的潛質又如同女中堯舜。

在中國，如此翹楚之女更是比比皆是，如漢代的班昭，因班固受到朝廷的冤謬曲解，而死得不明不白，從此之後班惠姬就以一介女流之輩，不顧輿論及社會風氣的批評，完成了整部《漢書》。漢代私奔的始作俑者——卓文君和司馬相如，司馬相如以一曲〈鳳求凰〉，用直接求愛的詞句，使得在一旁廂房偷聽的卓文君怦然心動，當夜就跟著司馬相如私奔。雖然當時司馬相如尚未封侯拜相，甚至於仍需靠告貸過日，最後沒辦法還拋頭露面賣起酒來，但是由於卓文君的女中豪傑個性和慧眼識英雄的眼力，最後司馬相如受到當朝的賞識，一路攀升。日後雖然司馬相如有納妾之意，但她只寫了一首〈白頭吟〉，打動了丈夫的心迷途知返，這也是有智慧、有魄力舊社會女性的另例吧！而漢代的班婕妤由於才思敏捷，再加上長得裊裊娉娉、風姿卓越，因此得罪了也正受寵的趙飛燕。班婕妤以她過人的膽識和智慧，受寵於當朝太后，最後倖免於難，這也是古代女性危中求安的另一種智慧。三國時的才女蔡文姬所作的〈胡笳十八拍〉雖然已近絕響，遙想當年在那烽火連天、險中求生的漫漫歲月裡，那種家人國土分崩離析的心態，一介女子只能憑藉著詩詞和音律鼓舞自己的同胞，同時也激勵自己在流難的十幾個年頭之中，屹立不搖地堅持到返回家園，這在當時來講，也是一個奇女子的奇遇歷程吧！

回想早期道家師父撫琴吟唱著那首〈孤雁兒〉時的那般情景，常想古時婦女那種壓抑和百般無奈的心境。

「藤床紙帳朝眠起，說不盡、無佳思。沉香斷續玉爐寒，伴我情懷如水。笛聲三弄，梅心驚破，多少春情意。

小風疏雨蕭蕭地，又催下、千行淚。吹簫人去玉樓空，腸斷與誰同倚？一枝折得，人間天上，沒個人堪寄。」

這首李清照的詞是描述靖康之亂後國土家園都被金兵毀滅，雖然她的丈夫趙明誠也是在朝為官，無奈夫妻倆也只能跟著政府和民眾遷移退守到南京的金陵。趙明誠家學淵源本來就是官宦書香子弟，他的父親也曾經位極人臣，因此，宋高宗對趙明誠是信任的，所以到了南京之後宋高宗任命他為太守。可能由於一直以來都過著舒適優雅的生活鮮少運動，這一次國家的動盪和搬遷時身心整個的衝擊，令他一到金陵之後就病垮了。李清照出生的家庭父母二人也都是文人，父親尤其自小就有文名，頗受當時文人雅士的敬重，也曾為官到禮部侍郎的官銜。李清照自小耳濡目染，家中往來進出也都是鴻儒雅士，再加上聰慧異常喜好金石史冊，自幼便可舉步成詩，因此，就有天才女童的稱號。十八歲的時候，父母把她許配給門當戶對的趙明誠，兩人一見傾心而且對於詩詞、歌賦、金石和書畫也有同好，因此兩人一度過著只羨鴛鴦的神仙般生活，這下子狼煙一起，生靈塗炭，家國破滅，這對李清照恍如晴天霹靂，長久以來伴隨著她形影不離的愛侶甫至新居便一病不起，最後，不到五十歲就天人永隔。這對她打擊實在太大，所以，這段期間她所寫的詞大部分都是像〈孤雁兒〉一般孤寂而又空靈。你看，春天乍到之時原本是詞人文思泉湧，取材最多的時候，但此時的李清照百般無奈地一早從藤條所造的床榻側身下床，可是一夜似醒似夢中腦海盤旋不去的傷痛還縈繞著，那和丈夫吟詩吹笛，經常香煙不斷的玉爐如今孤寂寒冷地停置在一旁。外面的雨不斷地下著，這般情景更令人肝腸寸斷，淚水如同窗外的雨一般無法停歇，過去都是伊人相伴依著欄杆，推開花窗欣賞著良辰美景，如今良人不在，就算折下窗前的梅花，我四處尋覓也沒有任何人可以贈予啊！

這是女詞人李清照在丈夫死去以後她破碎心靈的寫境，那段時間整天她就像沒了靈魂的軀殼，眼睛一張開就是傷心落淚，眼睛一閉上想到的就是戰亂時和夫婿東飄西盪，像浮萍般到處尋求落腳安身之處，想到一路上所看到的滿目瘡痍和哀號的蒼生令人極度地悲愴。雖然戰亂和丈夫的離去令她曾經長時間的感傷，一想到幾乎天天和自己倚靠著欄杆而小鳥依人般靠在丈夫的胸膛，共同欣賞著早起的太陽和染紅半邊天的夕陽西下，如今卻孤單無依地不敢靠近窗戶，甚至於連梅花也不敢去攀折，這種心境幾人能知？

李清照畢竟非一般女子，她有著別人所沒有的敏銳心思以及過人的理智和遠見，當她知道必須回歸到現實的時候，她把對夫婿的思念化作悲情的不朽力量，所創作的詞質量更豐富於從前，同時有許許多多傳世的佳作流傳至今，千年不墜。如在杭州紹興時期更寫下了不少的傳世詩詞，像〈聲聲慢〉便是那段時期的代表。她獨特的詞法和用字，至今還無人可以出其右，更有許許多多的後世藝術家用她的詞句寫下了不少流行的詩篇和歌曲，如「醉過才知酒濃，愛過才知情重……」、「才下眉頭，卻上心頭……」。除此之外，她令人最讚賞的是以一個官宦之家而又丈夫逝去的女子，無論是環境上、思想上的束縛都非一般常人所能調適得過來，卻有出色的藝術創作。中國過往的出色女性藝術家至李清照為止，可以說是唯一追得上蘇軾和柳永。早期她的詞多吟詠少女情懷和寧靜安適的生活為主，但自從丈夫病逝後極速提升她詞句的練達，這個可以從〈武陵春〉和〈菩薩蠻〉……等多篇中看出她已漸漸掙脫舊日的夢魘，轉向愛國愛民的正向思想。她令人懷思的不僅僅是她的才名，而是她**能夠經歷過人生的最痛，轉而用她的智慧之筆填下千古絕唱的詩句，同時，用自己本身曾經不幸的遭遇，勉勵後人如何體現從人世間的聚散離合中尋找到正面的方向與力量，這才是令人敬佩的地方。**

06

現代大富豪

從前在研究中國歷代帝王行誼的時候，研究到漢代的文帝時，深深被他的幾件簡樸的事件感動。雖然《漢書》裡面有幾則對他私人的癖好有所微詞之處，但以一個手握全國生計大權的帝王而言，他能夠在掌理天下二十幾年間，讓自己過得比平民還要簡樸，實在也不容易。舉個例子來說，在他當皇帝的時候，有人到處蒐羅找到了一匹汗血千里馬，要巴結他。漢文帝聽到了這消息以後，就寫了一道詔書，內容的大意是說到：「我每天的例行公事之一，就是要到處巡視，出門時有千百個儀隊、馬車開道，車後也是有為數壯觀的隨扈緊跟著，大部分的時間都是要每走一段路就休息一下，即便在外頭演習、行軍，也都是且走且停，如果我接受了這匹快如閃電、日行千里的寶馬，這馬必無用武之地，而且也會把這班衛士和隨從丟在腦後，這種沒有意義的事情我不幹，幫我回絕了這匹馬吧！」

現在位於西安白鹿原的鳳凰嘴，就是昔日漢文帝的陵墓——歷史上有名的霸陵。關於霸陵的故事，歷代傳說頗多，當時主要是以防盜而作為優先考量，據說工程頗為繁瑣，而且得花很多的經費，漢文帝就下了一道命令，裡面全部的用品和器皿一律只能用陶土和瓦土所做，禁止一切的黃金、銀器、紅銅等陪葬品，可見他的勤儉是超越一般的帝王。據說他不單是對自己要求甚簡，連他最寵愛的女人所穿的衣物，居然也只是和一般中等家庭婦女所用的布料差不多，雖然後人對於他和鄧通之間私人的寵愛頗有微詞和詬病，但不可否認，《漢書》的作者班固後來在下註腳的時候，對於漢文帝還是推崇有加的。他認為在他執政的期間，不但施行仁政，減輕人民的稅收，使得當時的人們過著沒有壓力的生活，天下一片昇平，安居樂業，並且主張如無必要，絕不出兵征討，浪費國家資源。對於大小官吏，嚴格禁止走後門上貢或送禮，他在位的期間從來沒有增加過一輛車子，自己也沒有多添做一件衣服過，連同他的眷屬、子女也都是如此，所以當時的國力可說是富強的。

中國歷代許多強盛的朝代，都和君主本身的勤儉治世有關，由於上行下效，早在民間傳承下來，更何況「貧賤生勤儉，勤儉長富貴，富貴成驕奢，驕奢便淫逸，淫逸回復貧賤」，這是中國根據歷代，無論是朝代或民間，所有的典故、稗官野史所網羅統計的千古至理，是一定有它的傳世道理。實際上，一個國家或者一個龐大的企業團體，或者是傳世的家庭，如果要做到可以富可敵國、歷世不墜，也必然要有它的金針傳世的秘訣，否則這股神奇的能量到底是根據什麼？有什麼竅訣？

其實現代有許許多多的書或傳媒，不斷地推出致富秘訣，或如何成為億萬富豪之類的書如雨後春筍般冒出來，固然沒錯，裡面教人如何投資理財、開課程、授秘訣，種種方法可說是擢髮難數、不勝枚舉。但我認為一個人有錢沒錢不是重點，重點是在於如何有品質又有品味地合理獲得應有的財富，而不是潮起潮落般地大起大跌，如賭徒一般的暴發戶。再說歷史上所謂的大富豪，哪有心存清念，萬古流芳者少矣！世界上能有多少如范蠡一般懂得見好就藏，既會積財又有謀略之士呢？如果范蠡早年過度地貪執財富和名利，最後應該也免不了如文仲見殺於勾踐，因此**有錢時要往貧賤想，得高位時要往低處想，對於世情的變幻無常要如浮雲想，咀嚼世間的百味要如空味想，**要知道窮達由命，不可強求，看古人蘇季子蘇秦遊說諸侯，善於謀略，但不免遇殺，因此在人的一生中，如何在風波中不生危險，如何在矛盾中無相殘之事，並且又能安然度世，不受名利指使，不受金錢逼迫，我認為心安理得，取之有道，是致富很重要的原則。

晚清最後一位紅頂商人胡雪巖，他是中國第一位向外國人借錢的商人，而且利息還不低，光是本金，當時就高達一千五百九十五萬兩銀，這對當時的中國來說根本就是一個沉重的負擔。胡雪巖本身是經營錢莊出身的，有了一些根基之後就擴及到諸多行業，甚至於連軍火也在運作，他的全盛時期就是在中國重要的城市設立了阜康錢莊。人一旦有了財便會想要名利雙享，胡雪巖當他財運亨通之餘，也效法過去的商賈捐錢買官，用他一貫的長袖善舞及手腕和左宗棠時有往來，也許是他的祖上積德。原本他是可以濟世利民，但是他把這一切用在收藏美女、納藏妻妾，並且為了壟斷市場不顧同行的生計，同時也激怒了洋商人，他的運勢徹底走到了盡頭。註定他由紅轉黑的是美國的股票整個崩潰，引起了全世界的經濟大恐慌，這位紅頂商人的損失自然不在少數，這對他而言根本已經是欲振乏力的開始。在官場上他也兵敗如山倒，由於李鴻章的鵲起，左宗棠的人馬，特別胡雪巖是當時政界和民間最急於想扳倒的黨派，因此他的烏紗帽也保不住，再加上當時他的錢莊碰到了擠兌風波，最後終於宣告破產而且身上背了數不盡的債務。樹倒猢猻散，往日的妻妾成群盛況不在，只留下貧病潦倒、孑然一身的他。因此常想古人常說的，**當一個自然人是天底下最富有的人，把無事當成貴，把能夠隨時入睡安眠當成富，心坎裡少了一場執念就是灑脫之人**，人世間最痛苦的地方在於心中窩藏著拖泥帶水的點點滴滴，在這個人不為己天誅地滅的商場中若要能夠遊刃有餘地縱橫自在，心中就必須要存有清風霽月的格局，不需流連於燈紅酒綠的飯局，而是可以自己作主地撫琴自對，也不需要假日裡安設牌局或打球周旋於客戶群中身不由己，而是可以輕鬆地與鹿馬奔馳寄情於蒼茫之間，人世間的人情反覆，永遠無法橫亙於心，才是真正有才情格局的現代商人質地。

目前對於富豪的定義已經不太一樣，主要是那些擁有數十億美元所謂的富豪們，由於眼光和態度已不同於過往的有錢人那樣，過著富貴淫逸、鐘鼓饌玉、靡衣婾食的生活模式。現在的有錢人已經都不流行穿名牌或戴名貴的手錶，他們反而會覺得這是很市儈的象徵。對於那些被財經雜誌所圈選出來的所謂的富豪們，也有了進一步的發現——現在的有錢人反而富二代的居少數，大部分都是一些靠自己白手起家、創業有成，而且對生活品質極講究格調原則的有錢新銳。舉例來說，他們不會太在意自己所開的車一定要多好，甚至於也都是一般經理級所開的水平而已。例如巴菲特這位股票大亨，他也是極度主張走勤儉路線的大富豪，他自己所開的車子也不過才四萬多塊的美金，現代經商致富的有錢人幾乎都主張有錢之後應該要取之社會，還諸社會，所以主張多做公益，多做慈善。他們認為人一旦有了社會地位和過多的財富之後，如果整天進出在高級飯店的宴會廳，或陪客人穿梭在酒店的女人堆裡，和有事沒事去看進口跑車，這對自己的身分和地位來說其實是自降其格，也會給社會帶來不必要的奢華風氣。所以如果認真去了解這些全世界的大富豪們，最近這一二十年來所熱衷的事物幾乎已經不是珠寶首飾、豪宅和名車，這裡面其實有著蠻正面的質量正在提升著。

曾經和幾位世界級的富豪們攀談過，他們這幾年的思想和觀念，也都傾向於如何傳遞正確的理財觀念和勤儉持家的思想給他們的接班人和子孫，我認為這些對未來的社會將是正面的。我就認識一位目前九十歲出頭、旗下擁有數十個子公司、白手起家的一位掌門人，他講了一句很有意思的話，他說他希望留給子孫和員工的是一個人如何用自己的努力和打拚從零到滿分，從無到有的富有感受，那是對他們最大的教育，而不是教導他們如何買名牌，比較誰的房子多，車子多，這是讓人墮落的根源。這些話由這位老先生講出來我絕對相信，因為在我和他認識的過往中，我從來沒看過他打領帶或穿過正式的禮服，甚至於所戴的也只是一只精工錶鋼圈的手錶而已。說到這裡他還用手拉了拉他的衣領給我看，我走近一瞧，其實他衣領的一圈大部分已經有破損的痕跡。

整個世紀的文化水平的提升，所帶動的是大量的中產階級的教育品質，世界上大多數的國家赤貧的情況已經不像二戰之後那般的普遍。大體來看，現代六十歲上下的富豪們，多半都是從小生活穩定，不需到處遊走打拚就可以獲得不錯的文憑，接著出社會後，隨著各人的機遇而躋身於有錢行列中。所以基礎上來說，他們的人生沒有什麼好缺憾的，他們也不需要任何的代償機制去向社會或周邊的人炫耀。我所知道的美國一位百貨業的鉅子，他到目前所開的車子還只是舊款快要二十年的老福特，可見整個世界的奢侈風氣已經慢慢在改變，有錢人也不再是招搖地炫耀自己的乘堅策肥，或誇耀著自己的象箸玉杯的生活，這是一個很好的現象。

天底之下沒有虛設的山，因為虛最後終會傾垮，山亦不必過高，高易崩塌；天底下也沒有無源之水，因為這個緣故，水才可以長流不壞。每一個人俯仰在這個世界之下，**要知道天底下和自己最親近的是離不開自己的心，一切的富貴名利只有自己心底最明亮，自己生命中**

所擁有的是什麼？最值得開心和永世值得經營和不會忘卻的，那便是良心和自己的奮鬥過程。一個人如果秉著自己的良心，小心翼翼、亦步亦趨地憑著自己的實力，努力地為自己的生命做註腳，為自己打造自己的王國，無論在奮鬥的歷程中成與敗，堅持自己的信念，事必躬親，刻苦勤儉，我相信絕對沒有失敗的道理。最重要的是為富不驕，要**保持著不奢、不貪、不忮、不求，與人為善，扶助貧弱，在我的眼底這便是最有能量的大富豪。**

選擇原諒

寬恕是化解自己的痛苦，
和他人尋求心靈和解的方式，
才能替自己未來的人生
帶來正面能量最佳的效果。

07

遊樂園大亨的傳奇一生

去年冬天接到了上海一位學生寄來的一封信箋，信封中還多放了幾張我認識的一些學生的照片，背景讓我蠻驚豔的，是去年夏天才開幕的迪士尼樂園，其中有一張晚間拍攝的夢幻城堡夜景，在聲光雷射造景下，聳立在浦東區被裝點成如詩如夢一般的一座城堡，在紫紅湛藍和五顏六色的燈光打造之下，那幅情景真的只能用浮翠流丹、斑爛交錯來形容，令人彷彿跌入了幼年時期童話世界的境界中。我看著照片想到和這些上海學生們互動的情景，也彷彿是南柯一夢般，似真似假，時光荏苒、銅壺滴漏般地幾年又過去了。

這座位於上海浦東地區的新主題樂園，據說用了將近五年多的時間才完成，它的占地總共有三百多公頃，學生跟我講他們最喜歡的是帶小朋友去搭花車，他們都很喜歡海盜船搖搖晃晃的感覺，有時候還連續坐了兩次，他們幾個人都異口同聲地說希望下一次我去，一定要招待我去吃野外餐廳——巴波薩燒烤，他們說被那裡面的設施和開放的烹煮方式給吸引住。這群老小孩用極多的文字在努力介紹這所人間樂園，還特別跟我提到全世界其他迪士尼樂園所沒有的幾個特點，例如米奇大街，裡面有各式各樣的紀念品可供選擇，真是琳瑯滿目、目不暇給——幾天之後我也收到了他們給我寄來各式各樣的紀念品。他們也向我介紹了整個遊樂園裡面最大的區塊，這裡面有大家熟悉的七個小矮人的相關故事。這個迪士尼是上海某一個集團和美國迪士尼總公司合作籌辦的，規模之大，令人咋舌。

說起華特・迪士尼，在美國從小孩到老人沒有人會不知道他所創立的迪士尼世界。幾乎伴隨著每一個小孩子的童年，這所樂園，全世界的人也幾乎都會如朝聖般去遊歷一番，可是對於華特・迪士尼這個人傳奇、神秘又充滿戲劇化的一生，倒不一定很多人會知道。到目前為止，他仍然是公認的電影界最成功的製片人、最特別的導演，而且由於他多變和特殊的聲音，他也是最好的配音師，再加上他過人的靈感和智慧，對動畫有獨特的創作和見解，造成了他的成功。是什麼可以造就一個這麼多才多藝的大師？

華特・迪士尼，他的祖籍在加拿大，父親用冒險般的精神變賣了所有的家當移居到美國密蘇里州，他和兄弟姊妹在那裡度過了一段美好的時光，由於他敏感的天性，從小就對色彩有著獨特的敏銳度，只要一有機會就會跟母親要紙和筆塗塗抹抹。由於家中有一位長輩是開火車的，因此他經常有機會詢問他關於開火車以及任何與火車相關的問題，並且都得到了滿足的答案，這和他未來籌辦樂園其實也是有相關聯的。過不了多久的時光，家裡發生了一些變故，同時他的父親也因為生病無法照顧農場，最後由於經濟問題和家裡問題，被迫只能把農場賣給別人經營。

因為家裡的環境突然之間遭遇到變化，迪士尼便只能靠送報紙來幫忙家計，迪士尼本身就是好思、好動的人，他根本是閒不下來的一個小孩，所以他也沒有辦法好好地正常過著學校的生活。除此之外，他的父親在經濟上出了大問題之後，一直都沒有辦法讓家人過著安適的生活，住的地方有時連遮風避雨都有些困難。他曾回憶地說小時候家裡實在太窮，兄弟姊妹常常一碰到下雨，都要準備不同的水桶去接水，免得家裡淹水。別人有著快樂的童年，但是他卻沒辦法，他經常要利用假期到處打工，最多的是在火車列車上不斷地遊說乘客購買他的汽水，就這樣到處想辦法掙錢，幫忙貼補家用。

他和他的哥哥洛伊感情非常地好，好到他哥哥為了要減輕家裡的負擔而加入了海軍，迪士尼也想尾隨於後，很可惜的是因為年紀太小，美國海軍並沒有接受他。就這樣一直過著貧窮拮据又不順利的生活，剛出社會時，連他自信滿滿，原本最有信心的藝術創作也被打槍，老闆覺得他的作品很糟糕，最後還是被開除了。但是他對於藝術和美術的熱情並沒有因為他被資遣而氣餒，他突發奇想地乾脆就自己開設一家和藝術相關的公司試試看，但是也不太理想。雖然他最後創作了一些卡通短片的作品，但是由於經驗的關係，曲高和寡，雖然被肯定，但是礙於成本，始終還是不能施展自己的抱負。

這段期間他都以製作短片為主，曾經用了極大的努力和關注，孤注一擲地製作了動畫《愛麗絲的幻想世界》，原來是希望能夠靠這部短片起死回生，可是卻沒想到還是鎩羽而歸。這個時候他不得不面對現實，宣布公司破產。他回憶他到了洛杉磯時，摸摸自己身上的口袋，卻只剩下四十塊錢。最後他想轉換跑道，心想也許可以當當導演試試看，可是沒想到到處都吃閉門羹，這個事實逼迫他只能回到他熟悉的動畫世界裡。這段期間，他生命中最重要的貴人——他的哥哥，得了當時全世界最可怕的病——肺癆病，這種病隨時都有生命危險，而且也會傳染，在當時可說是世紀黑死病。雖然哥哥在垂死病榻前掙扎，可是他走投無路之下，還是尋求哥哥的幫忙，最後得到了他的支持，成立了迪士尼兄弟工作室。他和夥伴興致勃勃地正要想把公司業務努力開發的這段時間中，一開始並沒有預期中那般的樂觀，還是跟他往常一樣都是被拒絕，為了減低開銷成本，那段時間他甚至於棲身在破舊的車庫裡面，努力構思著他的作品，最後以為有伯樂賞識他，他萬萬也沒想到這個伯樂居然是一個大老千，最後還把他的版權給佔據了，他的人生在這個時候可說是完全跌到了谷底。

迪士尼在那段灰暗的日子裡，有一天搭火車要往好萊塢的路上，他心中突然有了一個新奇的靈感，這個靈感也沒有任何來由，他就是一直在畫冊上不斷地勾畫出不同形狀的老鼠，這些老鼠的形象千奇百怪，各式各樣都有，但是非常地人性化，詼諧又逗趣，這就是米老鼠的雛形，最後經由別人給他的意見，就把這個形象命名為米奇。有了這些基本創作架構之後，迪士尼就很積極地去構思和創造了許許多多不同米奇相關的動畫。在設計米奇系列的動畫之前，迪士尼整個人生可以說是悲慘的縮影，當然這其中還包括有很多不為人知的細節。

上天對於生命力豐沛的人，尤其是那些百經挫折還不會放棄的人，總是會額外地給予眷顧，迪士尼也是如此，他經歷了那麼長久的艱辛歲月以來，他從中體會到了許許多多經營的技巧以及人性的掌握，他也了解到了如何在商場中與人周旋才是對自己有利益的。就這樣子隨著米老鼠這個招牌漸漸地在不同的地方打響字號之後，由於迪士尼已經堆砌了觀眾的口味，他打鐵趁熱地又製作了比較長的動畫電影《白雪公主與七個小矮人》，接著又推出了《木偶奇遇記》，後來這兩部影片幾乎是伴隨著全世界的人走過童年的幻想世界。這時候迪士尼已經是一位家喻戶曉的人物，人在順境的時候總是有福至心靈的神來之筆，這期間是在二戰的尾端，幾乎是百業蕭條的時期，但是迪士尼不同於其他的行業，他不斷地推出一部部的叫好影片，例如《仙履奇緣》、《小飛俠》、《睡美人》……。

之後迪士尼也突破了自己一直以來的傳統創造路線，往前更跨越了一步，用真人去拍攝電影，這部電影叫做《金銀島》，這一部電影可以說是迪士尼大膽而又新奇的嘗試，結果是成功的。由於這樣子的一個經驗，他就找來了朱立．安德魯斯合作，主演了日後膾炙人口，幾乎全球都看過的一部影片《歡樂滿人間》。這一段時間可說是迪士尼個人生命當中最黃金的一段時期，他真正地享受到名利雙收的滋味，這個就是所謂的「**狂風不會終日刮，驟雨不會終日下**」的最佳寫照，從此後迪士尼就真正地印證到那句剝極則復、否終而泰。

迪士尼一生走到了人生的暮年，對他而言，最感到高興的就是他在這個地球上建造了第一座可以讓世人完成夢想和幻想實現的一個場所，那便是迪士尼樂園，這是在一九五五年所發生的事情。截至目前為止，全球迪士尼樂園總共有六所，上海所建造的是最新的一所迪士尼主題樂園。綜觀華特．迪士尼的一生，只能說用精采兩個字來形容，目前為止，他所創下的紀錄是沒有人可以打破的，例如他光是一人就獲得了金像獎三十二次。而且他也是第一個製作出有聲卡通的人，他也是第一位把動畫帶到電影中的第一人，他所拍攝的第一部真人電影《金銀島》在當時也曾創下了不可思議的票房。目前美國和其他國家有許多相關於自然地理頻道的節目，要認真說起來，在一九四八年華特·迪士尼早就已經開始做了許多和動物相關的影片。關於他神奇的一生，以及他整個奮鬥的人生史，包含一直到他晚年過世之前，很多人對於他謎一般的身世感到好奇，也有人覺得他具有FBI探員的身分，但他從來沒有為自己辯解過，無論如何，一個人可以把自己的一生演活到這種地步，迪士尼可說是百年來第一人，難怪他會躋身為影響這世界最重要的一百人中的一位，這也是其來有自的。

從古以來要活百歲就很難，像迪士尼再怎麼精采也不過到六十幾歲。我常勸一些人把自己的一生加減乘除看看，扣掉懵懂無知的幼年，再除掉體弱多病的老年，剩下的中間時段其實所剩無幾，有時又有陰晴圓缺，有時再加上情緒煩惱，再減掉睡眠、生病、無謂應酬，人的一生可想而知能有多少。如何不要浪擲寶貴的生命在無謂的事物上，**在自己精神最好的時候、體力最好的時候、思想最正確的時候，集中火力做最有意義的事情，卯足全勁，全力開動，為自己寫下黃金史冊，這是最重要的。**但另一方面來說，我也勸導一些人**要用對的眼睛去看自己所做的事情，要用水晶般的鏡面反照人生，你才會覺得在這如夢的人生中，如何替後人留下可以做為他人殷鑑的典範。**畢竟這世上，錢再多也賺不完，頭銜再多也掛不盡，所以古人所講的「官做大了，心便煩，心煩落得發白髮」，古人要今人仔細地看，每日每朝身邊的人是否有減少，也要今人仔細地去查看多少的墳前草長無人掃，**人生在世一亮一暗，很快就走完了，究竟什麼是有意義的人生？還真的要仔細地去思量。**

08

如何贏得美人歸

讀過歷史的人都知道，英國第一次侵略中國，史稱鴉片戰爭，那是在一八三九年到一八四二年這段期間，發動這一次戰爭的是英國史上最風流的一位首相——帕莫思頓，此人在英國的政治史上其實是有許多爭議，例如他經常流連忘返在不同女人之間，其中還有許多是有夫之婦，據說他還向伯爵夫人妹妹喬治安娜多次求婚未果，這件事情讓他顏面無光。而當時又正逢英國和中國問題尚未解決，因此他就以林則徐是頑固不靈、無法溝通為由，又說林則徐和英方的協商條件是如何地不通情理，他認為這對英國的國格有傷，因此主張英國要出兵攻打中國。這個人如此地昏庸和意氣用事，他和明末吳三桂如出一轍，吳三桂當初為了秦淮八豔的陳圓圓被奪，一怒之下，打開城門，成為清兵奠立國基的第一人，因此之後才有吳偉業寫下了《圓圓曲》，「鼎湖當日棄人間，破敵收京下玉關。慟哭六軍俱縞素，衝冠一怒為紅顏。紅顏流落非吾戀，逆賊天亡自荒宴。電掃黃巾定黑山，哭罷君親再相見……」。

無論東西方，從古至今，多少人因為愛美人而斷送了江山，或者是為了紅顏而斷送了大好前程，但是也有不少的英雄豪傑因為在愛情方面挫敗，或不受女性的青睞，反而將之化為一股鋪天蓋地的磅礡力量，從而激發了創造事業的能量。比如威靈頓公爵便是一個很好的例子，他以前原本是個為賦新詞而強說愁的少年，久而久之養成了類似現代人所說的自閉症的個性，連家人都不看好他，原本希望他能夠當一名律師，但是他卻跑去玩音樂，他的母親一怒之下就把他送到了部隊去，讀軍事學校，他後來也從軍，最後還擔任過愛爾蘭國家議會議員。當他在騎兵團期間，因緣際會認識了姬蒂，他對她心有所屬，極度喜愛，沒多久他就對姬蒂告白，想娶她為妻，這些事情被女方的兄長知悉後，大力反對，認為嫁給他會沒有前途，聽到這個消息後的威靈頓，如同晴天霹靂般，甚至把他好不容易才得到的小提琴丟入火爐中，因為這件事件的衝擊，他下決心要闖出一番事業。

往後，他逐步地努力往上攀升，一路竄升到中校官銜，在初次的戰役中就得到了勝利，後來又升到上校，他在英屬殖民地印度，也名聲漸開，且在日後名聞於世。在往後數度的戰役中，他皆有優異的功勳，升到了將官，後來他從印度返回自己的故土，國家頒給他騎士勳章，也因為這樣，最初讓他心儀不已的求婚對象——姬蒂最終投入了他的懷抱，他因多年來的奮鬥，最終贏得了美人歸。威靈頓打敗拿破崙的戰役，可以說是他軍旅的最頂峰時期，在滑鐵盧戰役中，他得到了最高的聲譽，此後人生的最後三十幾年裡，他致力於整頓軍隊的紀律和軍法，由於他個人的魅力及對人情世故的細緻，部屬都對他極度地推崇與擁戴。同時他強調不要再用血腥的方式贏得民心，因此在英國所有的部隊和民眾的心目中，他始終像神一般深植在所有人心中。

許多人很容易就被生活中突如其來的事件打擊得一蹶不振，甚至有的人永遠也無法東山再起，看到許許多多的年輕人為了愛情，而不惜鑄下社會事件時，除了惋惜之外，也常尋思如何讓年輕人在愛情失去的時候，能夠在這個缺口上尋找到另外的出口，甚至將此種失去轉化成力量。當然我們無法像莊周一般瀟灑，當與他結伴一生的髮妻離世的時候，他的好朋友惠施來探望他，原本以為他會很難過，卻沒想到惠施看到莊子拿著臉盆和兩根木槌擊盆高歌，這讓他大感意外。而莊子有他自己的道理，他說：「我高興不是因為我無情，是因為我為我的夫人得到了解脫而歡呼，哭泣與悲傷並不能喚回往日的歡笑，不如放下與祝福，這才是對離世眷屬最好的方式。」這是聖人解脫的見解，我們無法到達，但最起碼絕對不能因為一段情感的傷害，連帶著將自己的身心完全都葬送下去，這是最愚昧的方式。**無論你人生的遭遇有多慘痛，記住，當你在最谷底的時候，千萬不要用猿悲鶴怨的心態去對待讓你傷痛的人，你要記住，我們必須回報的是原諒與寬恕。**學習像威靈頓一般，如果他用仇恨的心去處理他被拒婚的傷痛，那這苦仇之怨也許會變成殺戮之氣，那傷害的就不僅僅是自己，而是許多無辜子民，他轉了個彎，使自己功成名就之後，讓女方在極有尊嚴的狀態下，重返他的懷抱，這不僅贏得了美人歸，也展現了寬恕的力量。

09

真英雄才有大寬恕

一九三九年九月到一九四五年這段期間，整整的六年，地球上掀起了熱火朝天的戰火，如火如荼的煙硝味形成了濃郁化不開的氛圍。最後，雖然是在廣島跟長崎投下了兩顆原子彈，這場戰爭才得以劃下休止符，但人類所付出的代價，以及對參與者的心靈帶來長期的傷害都是無法彌補的。尤其戰爭期間直接和間接死亡的人數，包括戰爭所帶來的災難、飢荒和傳染病，以及遭到納粹黨毫無人性屠殺的死亡人數將近七千萬人口，這其中有很多是因受虐而死，特別是在歐洲戰場上，有將近兩千多萬人是死於德國人手中。戰爭帶給人類不僅僅是喪失了自由和生活失去了平靜，無論是有參與戰爭的士兵們，或者是守候在家園的老百姓，在這段期間當中，所影響到的將是一輩子。

在心理學上，由於人類遭受到各式各樣內在衝突和外境種種的刺激，會產生不同的心理病症，其中有一種心理疾病是一輩子永難抹平與獲得療癒的，心理學上的名詞叫做「創傷後壓力症候症」。這種病在二次世界大戰之後，發生在許多曾經參與過戰爭的士兵身上，罹患這種病症的人在他的日常生活當中會產生極大的困擾。有的是對人產生極度的不安全、不信任感，極度地敏感，有時會因為一句話，馬上勃然大怒，翻臉不認人，如同變了一個人一般，也容易因細故而有些突如其來的過度反應，令他人錯愕。大多數患有此症的人，晚上都必須靠藥物或酒精來麻痺自己才能安眠，即便如此，還是很容易從睡夢中驚醒過來，這種症狀導致他們在日常生活中無法專注於任何一件事物上，所以工作上一定會遭受到挫敗或困難。

在美國有很多退伍軍人都必須依靠領救濟金生活，但這段時間，美國的經濟其實也有極大的困難，在負債將近十八兆美元國債的隱憂下，要再去照顧這類民眾，就如同釜中生魚一般。因此如果沒有好好地輔佐諮商這些曾經出生入死的退伍軍人，有時也會成為社會當中無法預料的隱形炸彈。這些症狀的罹患者，每個人所經歷的成長過程當中，也許是因為孩提時期的受虐或傷害，小至霸凌、精神和身體上的傷害或受虐，以及一連串深刻不好的經驗，也都會形成創傷後症候群。像是曾經面對過不少人因為最親密的家人往生，或突如其來的災變，也有眼睜睜地看著身邊的人血流如注地死在自己的身上，因此一輩子都要靠藥物才有辦法支持自己繼續去尋找人生的第二春。

二次世界大戰由於戰火的無情席捲和摧殘，幾乎是全球性的，許多人因此而家破人亡，原本幸福美滿的人生，一夕之間戲劇般地化為烏有，有的是情感上，有的是健康上，有的是精神上……。戰爭對人類帶來的傷害真的是無法以隻字片語來比喻，當然也有少部分倖存下來的退役軍人，但就如同前面我所講的，如果沒有堅強的意志力和充沛的生命力，是很難完整地走完一生。路易斯·贊佩瑞尼是很奇蹟的一位，在他九十七年的歲月當中，只能用傳奇來描述他的一生。他在十七歲的時候，就以突破性的成績，拿下了全美長跑最創新的紀錄，在這之前他也曾創下多次全國紀錄，而且還是全國性的紀錄保持者。最後他代表美國參加奧運，拿下極好的成績。就在他受到眾人矚目的時候，二次世界大戰的序幕已然展開。他也應徵參戰，在一次任務中飛機墜毀，僅有兩位同袍和他一起靠著救生艇，在瞬息萬變的怒海中求生。厄運之神就如同在考驗他一般，就在他們漂流停靠在一個無人的島上時，卻很倒楣地被日軍擄獲，很長的時間在俘虜營裡接受著無法言喻長期的身心摧殘，一直到第二次世界大戰結束為止，他沒有一天是快樂的。

二次世界大戰雖然結束了，但路易斯·贊佩瑞尼帶回家中的卻是一場遙遙無期的身心衝突大戰——他罹患了戰後憂鬱症，也就是創傷後遺症。他日日夜夜無法安眠，眼睛只要一閉上，所浮現的就是他在戰俘營天天被折磨的情景，以及和他一起受刑的戰友們，一個一個從他身邊離開的情景令他非常痛苦，經常想要輕生，尤其是戰俘營的領導，特別針對他，給予他極度的身心傷害。在戰後，甚至於他都想去日本尋求報復，就這樣夜以繼日地被這些負面的思潮不斷不斷地拍打著他受創的心靈。所以有四五年的時間，他幾乎和酒脫離不了關係，他無法和人正常互動和溝通，情緒起伏變化不定，因為他常常想起那些戰俘營中長期不給他飯吃，以及固定輪流傷害他的士兵們的言語和肢體，及戲謔不屑的眼神，這些就像緊箍圈牢牢地套在他的腦海中，這種求生求死都不得解脫的日子，天天飽嚐折磨，連周邊的人也和他一樣極度地傷痛。最後是他的太太和一位智者解救了他的靈魂，他找到了他的心靈歸屬，讓人生有了新的方向。最重要的是他獲得了「寬恕」真理的救贖，他徹底地解放原本仇恨的心。他甚至很勇敢地重返受創的地方，和那些曾經長期毆打傷害他的往日敵人，化解心中的怨懟，他以德報怨地選擇了寬恕他們，從此以後他的人生改變了，他心中充滿了平安和諧與安樂。

我覺得人生當中，最無法做到的就是對他人的寬恕。如果心中充滿了仇恨，不會是一種力量，其實是自我毀滅的方式。一個人如果一直怨恨著他人，是沒有辦法傷害到對方的，真正第一個受到傷害的反而是自己。**寬恕是化解自己的痛苦，和他人尋求心靈和解的方式，才能替自己未來的人生帶來正面能量最佳的效果。**這是我從路易斯・贊佩瑞尼所講的一句人生座右銘當中所得到的啟示。在我們的生活當中，許多人始終受困於內外障礙對身心產生的困擾，而無法自在地發展自己的人生。實際上，一個人終其一生都要在坦途之中求生，是從未聽聞過的事，任何人都無法因為彩霞的可愛或流水聽弦的歡愉，就可以永久持有。如同手中所握的酒杯，人生百年，何時曾看月對映一般？現實生活中的花繁柳密，要撥得開，才可以見氣度；人生遭逢狂風驟雨時，要站得穩，才是擔當。**無論你現在處於再深的谷底，碰到再悲慘的遭遇，你要做的只有一件事——涵容有度，瀟灑面對。最重要的是對於你所怨懟的對象，嘗試著伸出雙膀，用寬恕的心擁抱他們，你便會看到你生命中意想不到的能量綻放開來。**

10

肝心塗地、捨己為民的伏爾泰

中外文史學家中，有許多人為了追求真理和自由而犧牲了自己寶貴的青春，其中也有一些人為了自己的子民和國家的自由而導致身家都處於長期被幽禁的狀態中，但他們始終沒有半點畏懼，甚至於覺得如此地付出極有價值。例如司馬遷只因為好管閒事，替別人仗義講了幾句話，就被長期軟禁並且遭到宮刑——連生殖器官也失去了。二次大戰期間，叱吒一時的風雲人物——古德里安是一位極具爭議和傳奇的軍事家，到目前，他的一生始終還是一個謎，他雖然被聯軍囚禁了三年，最後安然無事地被還以自由，留給世人一大堆的疑團。南非的第一任總統——曼德拉，為了非洲人的權益，被判處密謀推翻政府的罪名，失去自由達二十多年，整個大半生的青春都付出給自己的國家和人民，連自己家庭都分崩離析，但他始終覺得自己只是盡了應有的責任和義務而已。

每個人對人生意義的定義不盡相同，但對生命的認知感是極其重要的。只要是人，無論他的身分地位，總是有他過往的起伏，就如同海中行駛的船隻，必有它的痕跡，也如同車子行駛在平地上，豈能無轍。**有的人在巨浪洪滔之中也可如無事般地自處安然，那是因為他胸中有物。世上的道路有時就有如幽冥之道，即便是大太陽底下，也會遭蚩尤之霧，世事本來就無法預料，自古豪傑本來就無法從簡淡之中求得。**這世上有多少安逸人士為了自保，想盡辦法撥開世上的塵氣，只為了不與人冰競和火擦。有人為了一生的清虛與安逸，潛世避塵，所以鐘鼎山林各有天性，沒有辦法說是定非，只能說你要怎麼生活，你就必須如何決定，對於個人聲譽的好惡，則取決於一生的行事和作為。

高中時期由於一度對西方哲學家產生高度的探尋欲望，幾乎所有相關的作者書籍和資料，竭盡所能地搜尋，能向圖書館借的借，有能力購買的就儘量購買，當然也少不了為了閱讀方便起見，也購買了哲學相關辭典和工具書。其中覺得最特別的便是《哲學辭典》。這本辭典和一般的辭典大有不同，主要是作者運用活潑生動但又富調侃諷刺的字句，讀來引人入勝，內容包羅萬象。舉凡心理、兩性之間、靈魂，甚至於人死後歸往何處等等，充分表現出作者本身治學的態度有別於西方其他的思想家。更令我覺得不可思議的是，他還特別深入研究過中國的儒家思想和東方的哲學家，這本書的作者便是影響著歐洲哲學思潮好幾個世紀的思想家——伏爾泰。

大凡能躋身於大思想家叢林中而出類拔萃的標的人物，他的思想及行徑也必然有其鰲裡奪尊和軼倫越等之處。伏爾泰可說是法國在自由主義萌芽時期極重要的一位人物，他也被稱作法蘭西斯思想之父，盧梭等大哲與他相較也略稍遜色，最主要是他所跨越的領域極廣又多元。除了著作等身，是著名的作家之外，也因為推動法國的自由主義思想，而被公認為最有影響力的思想家。因為早年對哲學狂熱的態度，也讓他成為極具有影響力的哲學家。另外，他妙筆生花地諷刺政治時局，以尖酸辛辣的形象著稱於當世，同時又有一批和他一般的狂熱分子跟隨著他，這在當時的思想言論還很封閉的世代中，他曾經被視為異端，也曾不惜對勢力龐大的教會公然抨擊不合理的教條。

對於教育制度的改革，伏爾泰也不斷地提出他的見解和看法。這些思想後來也成為美國和法國社會革命很重要的參考依據。伏爾泰之所以有那麼敏銳的觀察力和犀利的詞鋒，應該是他曾經讀過法律，也曾經當過大使的秘書，所以對於當時的整個國情人心有別於一般人獨特的思想見解。由於人微言輕，只能是發發牢騷而已，但是醞釀在他心中的澎湃之情和反傳統推翻專制的想法並沒有停歇過，雖然他屢屢遭受到迫害和封殺，以他高傲而又堅強的個性，從未屈服過，他覺得只要是為大多數子民的福祉和自由，他便要反封建、反專制，為了自由與理想而挺身為子民做喉舌。他曾經不滿法國宮廷的揮霍及亂倫，訴之於文字和詩詞，來諷刺當時的皇親貴族，結果便是鋃鐺入獄，被囚押了將近一年的時間。但也因為如此，替他爭取到不少的民意和支持者。在無法被隱藏的鋒芒和過人的才氣之下，他編寫了多套的劇本，改編成為舞台劇，諷刺達官貴人，最後除了被關，也被流放到英國。

被流放在英國的那段期間裡，他並沒有因此而喪失心志，反而激發了想要更深入去了解英國的典章制度、風土民情以及政治的想法，這段流亡生涯中，應該是他人生中最豐碩的一個時期，因為他大量地閱讀英國著名的思想家、政治人物、詩人、文學家、宗教家的著作，同時也深入地了解了所謂君主立憲，對於英國人民所產生的利弊關係，他甚至於也去探究了牛頓的研究成果。不知道是福還是禍，伏爾泰在英國的思想之旅，收穫是果實纍纍，再加上可能他天生不受約束的個性使然，雖然當時的法國國王半睜眼半閉眼地讓他回到了國內，可是伏爾泰並沒有放棄他宣揚民主的決心，他利用出版《哲學通信》這本書——其實裡面的內涵都是在批判法國的專權控制思想。當然他的下場可想而知，沒多久他所有的書籍都被沒收查禁。法國最高當局下令要逮捕他，這一次他選擇了了逃亡，匿藏他的是他親密的女友，是一位侯爵夫人，她有一所極大的莊園，伏爾泰就在這個莊園裡面整整待了十五年未曾邁出過大門一步。在這段時間裡，激發了他無窮的寫作欲望和潛能，他無限制地分門別類，寫下了許許多多傳世的詩篇和著作，其中囊括了歷史、哲學、文學、科學和詩歌，也寫了更多的歌劇劇本和小說。這段時間他是多產的，心裡未曾寂寞過，因為他的理想和志向不斷地支持著他，他那泰而不驕、愈挫愈勇的個性，讓他更確定自己的作為是正確的，因此他愈寫愈多的作品，反而為他爭取到了全國人民對他的支持。更值得一提的是，他那過人的智慧，在那段隱居的時間中，竟然讓他深研了牛頓的許多定律和光學的原理，為此伏爾泰還幫牛頓寫了不少的故事。

雖然伏爾泰也曾經遊歷過德國，和當時的王室有過來往和相從，但後來發覺和腓特烈大帝的理念相去甚遠，最後不歡而散。伏爾泰鬱鬱不歡地離開了德國，往法國邊境一個叫凡爾納的地區，想要安定下來，並且也在那裡買了一所居住的地方。他在這個法國的邊陲地區置屋，最主要的目的是要發動思想革命運動，他大量地印發傳單和本子，內容都是以攻擊教會和新興宗教為主。在這段時期，他陸陸續續創作了膾炙人口的作品，例如《彼得大帝治下的俄羅斯》、《老實人》。應該是他的努力不懈和魅力所及，他的啟蒙運動最後在法國得以開花結果，人們送他凡爾納大教長的尊稱。

是英雄，永遠不會寂寞，落葉終歸要歸根，流亡在外多年的伏爾泰，在他八十四歲的時候，回到了故鄉的懷抱。當他在踏到故鄉的土地時，夾道迎接的人們幾乎是萬人空巷，人們奔走如市、比肩疊踵，只為了要一睹這位法國思想自由之父的風采。他回國的這段時間，也是他個人為自己的人生留下了最光輝的一個句點，因為過沒有多久，累積了大半生的舟車勞頓和身心的煎熬，他的肉體敵不過歲月的現實，身體垮了，他很清楚地意識到自己將不久於人世，但仍然不忘調侃地對他人說，他死後請把他的棺材一半埋在教堂的裡邊，一半埋在教堂的外面，因為上帝如果要讓他到地獄去，他可以偷偷地往另外一邊溜走，這就是伏爾泰個性詼諧、瀟灑又自在的一面。

烈士的盡頭是聖人的起頭，俗言道：「曲高必有寡和之弊，水太清則無魚游過」，這是世俗一般的說法。一個人如果能夠立身、立志，為自己的生命留下可令人讚嘆和謳歌的部分，這個人生定是值得的，因為他必須放棄自己任何的貪執和欲望，這對現代人來說是困難的。大多數的人都只圖好風、好月、好山、好水，清曠無礙地過一生，任何人都想悠然地過著飄飄黃葉點衣袖、瀟灑而又無拘的日子，誰也不想去領略旁人的痛苦，這個是社會的通病。無論是對個人或對社會，都應該體解到人生是難得的，**就算是雪泥鴻爪，也要替自己留下痕跡。生命是難得的，一定要讓它放光和生熱，這才是無瑕的人生。**

只要你有夢想和抱負，你就毫無畏懼地去衝刺吧！畢竟創造力是始於夢想，夢想能否成真？有時就在你那孤注一擲的勇氣上。

無所畏懼

11

北美最具影響力的領袖

從高中時期開始，我便有蒐集各國錢幣和紙鈔的嗜好，很多朋友都問：「用錢再去買錢，這有什麼意義呢？」所謂海邊也有逐臭之夫，青菜豆腐各有喜好不同，殊不知我就喜歡看硬幣上面各式各樣不同的人頭，有時會仔細端詳這些有資格被人們貼在紙鈔上的人物，有的是正面、有的是側面，有的有著特殊的形象，各式各樣都有。曾經一段時間也因為這樣子，我迷上了《麻衣神相》，從中也知道了在芸芸的眾生相中，為什麼會有各種奇異的長相，也知道了相學中特別難以辨識的清、奇、古、怪四大相。我幾乎把所有的零用錢和長輩給的錢都花費在這上面，從滿清的官銀到袁大頭，再到各國的元首肖像為主的紙鈔。有陣子瘋起來，從台北的牯嶺街、台中的中港路、專賣玉和雜項市場都有我的足跡，甚至於連市面上極少看到的大陳島流行極短的面鈔，我都蒐集過。現在隨著時間的進展，蒐藏錢幣紙鈔的人也大有人在，行情看好的時候，也會為蒐藏者帶來一筆為數不小的收入。

因為從蒐集的紙鈔硬幣上，比任何人都有機會去接觸到各國元首的肖像圖，我覺得最有連貫和次序的，就屬美國的歷任領導人的紙鈔。現在極難蒐藏的是美國僅有的以兩位女性為主角的面鈔，現在可謂一紙難求，其中一個是華盛頓的妻子，另外一個是美國原住民寶嘉康蒂。它們之所以稀少，是因為使用的時間很短。美國的鈔票從他們的國父——華盛頓，到幾乎歷任的總統都曾躍身在鈔票上，但至今仍然讓我百思不解的是，華盛頓既然是這個國家的開國領袖，為什麼他的頭像只值一塊美元？而只是發明家的富蘭克林居然被用來印在百元大鈔上，究竟在美國的歷史上，班傑明·富蘭克林到底佔有什麼樣的地位？

和許多天下間知名的人士不一樣，富蘭克林並沒有空過其生，反而他在這個人世間，帶給人們許許多多正能量的啟迪作用。同時他也有別於時下富二代們因為含著金湯匙，不需勞作就可以穩坐寶座。富蘭克林的出生沒有任何顯赫的家世和背景，祖上往前追尋也並非彪炳鱗光或曾出過珥金拖紫的前人可以歌功頌德。不過僅僅只是一個鐵匠的小孩，父親後來也只是依靠賣雜貨藉以維生的的一介常鱗之人而已。由於父親的兩任婚姻，使得家庭因為子女眾多，食指浩繁，在十七個小孩當中他是最小的，怎麼想也無法想像，在這樣的環境中，是怎麼造就出後來的庸中越等、頭角崢嶸、舉世皆知的偉大人物。

我們稍微回顧一下，富蘭克林在他的一生中，創造了他人可能用幾輩子都無法達到的成就與經歷。由於家庭環境的關係，他從十二歲開始，就在出版社一邊賺取工資、一邊充當學徒，接著又在另外一家印刷廠當工人。但沒有多久之後，由於他的機伶和巧智，在鬌綠之年就擁有了屬於自己的出版社，並且出版了為數不少的書將自己的理念公諸於世。由於富蘭克林從小就喜歡讀書，只要一有機會，終日都可以埋首於書海之中而無其他的興趣，後來他也在當時居住的地區成立了第一家圖書館。這個圖書館裡面的蒐藏非常豐富，而且行政設施特別的良好，受到地區上所有民眾的正面肯定，後來美國北部所有的圖書館幾乎都是仿效富蘭克林所創立的圖書館。除此之外，因為看過鄰近地區由於氣候乾燥的森林大火所引起的幾場慘劇，富蘭克林和當地的壯丁組織了第一個冒險犯難、救人不落人後的消防隊，這在當時也算是極有創舉的一項義舉。

目前在美國長春藤聯盟中，有一所極具知名度的學院——賓州大學，這所學校是美國最早成立的人文教育學院，眾所皆知的《美國獨立宣言》，其中許多的簽名者都和這個學院有關係。截至今日為止，它的法商學院口碑也是遠近皆知，目前還擁有將近五千名的教授和上萬名的研究生。可是許多美國人也許還不知道，這所著名大學的創辦人也是富蘭克林，而且是在他很年輕的時候所創辦的。富蘭克林在創立此所大學的同時，由於他天生的好奇心和發明欲，那段期間他一頭鑽進了科學的領域。一般人如果到了四十歲的年紀，不是為了五斗米勉強餬口，不敢任意地去變換跑道或工作，要不然就意興闌珊，對身邊其他的事物不會有太大的興致。但富蘭克林迥異於他人的地方，就在於他有過人的精力和想像力，例如發明了避雷針和火爐，還有其他許許多多的研發，都是在他四十歲之後陸陸續續發明的。而且他那種不怕失敗、愈挫愈勇、大膽假設和不避諱的人，宗教人士覺得他發明避雷針是觸怒天威的，一段時間成為爭相談論的議題，有些衛道人士甚至於認為這是違反天意的不祥之物，而偷偷地在夜裡把它拆掉了，但經過幾次的閃電打雷之後，許多人很清楚家中有裝設避雷針的都安然無恙，而沒有裝設避雷針的屋頂，幾乎都遭受到損害，所以目前全世界幾乎家家戶戶高層樓頂上，都有裝設避雷針。其實始作俑者就是這位避雷針之父，他當初不畏懼做實驗時被閃電電擊到的危險而發明出來，這點他是對人類有貢獻的。

研究電子基礎理論的人都知道正負電的原理，但實際上這個理論的奠定者也是富蘭克林，從這裡應該會很驚訝地感覺到，一個沒有受過高級教育，沒有殷富家庭背景的年輕人，日後卻會因為發明了多項對人類有貢獻的創作，而被聘為英國皇家學會的院士，從此富蘭克林成為了舉國皆知的英雄人物和科學家。他也因為一次兄長的腎結石，痛到在地上打滾，富蘭克林情急之下，竟然用了個管子幫他的哥哥順利地把尿液排解出來，這也是醫學界最早導尿管的濫觴。除此之外，這位半路出家的發明家，窮其一生幾乎都有源源不斷的靈感和創作。

富蘭克林雖然不是音樂家，但某次因公，在一個偶然的機會下，聽到用手指摩擦玻璃杯緣所產生的音樂而發明了玻璃琴，這種琴也因為被經常使用在大型的演奏場所，而且都是名家表演，例如貝多芬等大師都因為被這種特殊的音色所吸引住，忍不住而為它譜了許多曲子。

因為這種琴曾經一度馳聲走譽，被許多演奏家使用。最讓我覺得不可思議的，是他到了暮年還不斷地在研究、閱讀全世界不同文化的書籍，其中對於中國的孔孟思想，他也極為崇敬，並且也從中獲得不少的智慧和收穫。

富蘭克林在美國是唯一被所有民眾讚頌為聖人的人物，原因是因為他所從事的任何工作，都是對公益有幫助、對慈善有幫助、對社會人民有幫助，所以他也是美國第一所醫院的創辦人，也是第一家保險公司的舉辦人。牛津大學也因為他在發明創作上的特殊成就，而給予他榮譽博士的頭銜，他也曾經為了讓美國的地方政治有建設性的發展，也擔任過州長。

當然，一個人的功過是非有時候無法在生前便有個定論，甚至於有些在人已經走了千百年後，歷史才還以公道。富蘭克林固然被公認為是一位西方的聖人，但人的一生孰能無過？即便有縱世之才的豪傑，也會被人用顯微鏡找出他的纖細之失，一旦成為公眾人物之後，必然就有一群好事者會對你澡垢索疵，富蘭克林一生中最令人引以為鑑的，就是許多人因為他為了幫助他的摯友，取得某個職位，使得形象有所損害，本來也許有生之年可以當上一國之君，但因為朋友的事件使得他在職場上蒙受了鎩羽之嘆。那段時間他是消沉的，但由於他為民眾服務的熱忱與毅力，他依舊不顧別人的評語，繼續為當時的殖民地而努力，甚至於不顧一切和英國的王室鬧翻，不相往來。富蘭克林的魅力並非只有在本土，到了法國，法國巴黎人夾道相迎，從英國首都一路返回美洲，所到之處民眾皆熱忱地接待，他的努力還是得到美洲本土人民的支持，希望他能夠參與《美國獨立宣言》大綱的重要成員之一，富蘭克林在當時也曾經是法國上流社會人所崇拜的偶像，很多貴族家中至今都還保留著他的繪畫圖像，可見他的影響力在美國歷任的領導人之中，是僅次於華盛頓的。

我曾經仔細地研究過美國最重要的總統有十幾位，但是至今美國歷史上幾百年間，還沒有一個人可以取代富蘭克林這麼多元化的才華和天分的領導人，也沒有看過哪一位領袖對國人有非常具體的貢獻。我認為一個偉大的人物之所以能夠永垂不朽，他們都有獨特的過人特質，就如同富蘭克林，從不讓人讚美他，甚至於在他逝世前，人們要幫他立傳，他只願意讓別人在他的墓碑上留下一行字——「印刷工富蘭克林之墓」，這是多麼正面的啟示啊！

我常想，人終其一生，每天對自己所過的日子總是會清楚地接觸到，而日子當中所遭遇的事情和自己所作所為，能不能對自己有所啟發，甚至於讓自己有所成長，這是很重要的一個課題，畢竟蒼天在上，就算是屋漏可愧，但是也無法隱藏自己的一片心，這是所謂白天欺騙世界，夜晚便會愧赧不堪的道理。如何在浪尖和驟雨處取得風平浪靜，如何在漂泊不定的浮雲間讓雲彩靜止於水鏡中，又如何讓自己的生命在滾滾的濁流中，成為助世的一勺清泉，這個關鍵全在於**碰到逆境是否就會被逆境操弄，抑或自己可以溯溪而上，這個差別就在於是否具備有百折不撓的勇氣和特質，以及即便整個天塌下來了也無所畏懼的**

擔當，成大事業的人不看小細節，丟棄不重要的挫敗，清楚地看著未來的遠景才是重點。

12

如何走得優雅

人格的優雅與否，並不在於身分地位或傲人的文憑。人的一生何其短暫，如何幫自己提升能量，是一件值得重視的事情。曾經接受過一位年老女居士的請託，她希望在臨終前，我能夠給予她一些祝福。在我過去的歲月當中，極少去打擾即將要離開人世的信眾，我覺得在人將要離開這個世界的時候，最重要的是讓他心中存有一分平安與寧靜，如果他還懂得運用自己所學習到的功課，我相信只要我們在一旁默默地祝福和迴向，效果都應該是很好的。

這一位接近九十歲的年邁老人，對於她的生平我極為熟悉。三十一歲開始守寡，獨自撫養一對子女，也不曾受過什麼高等教育，僅僅只能讀看一些簡單的文字，她是一位標準的台灣阿信。為了撫養這一對子女長成，她曾經一天之中身兼數職，既當褓母，身上背著別人的小孩，還要去魚市場幫魚販清除魚鱗，過了中午還要去有錢人家中幫忙清理環境。晚上回家，等小孩睡覺了，還要在昏黃的燈光下做些零星的家庭代工，賺取微薄的費用。

她經常為了小孩的學費，到處打工或借錢。聽熟識她的人說，她把省吃儉用留下來的錢，為小孩買最好的書包、鉛筆，只為了避免小孩在學校中受人歧視或被看不起，自己卻經常每天只吃一頓飯，多次因為貧血而昏倒，被鄰居送往醫院打點滴……。好不容易把一對子女栽培到大學畢業，女兒甚至於還出國念書，但最後女兒也不回台灣。至於兒子，學校畢業後到一家電腦公司上班，認識了一位女同事，沒想到媳婦的娘家做生意需要擔保，兒子也成了人頭，最後還牽扯上大筆的債務，令她晚年過得十分地落寞……。

某次的因緣巧合之下，一位女學生帶她來和我結緣。見到我之後，她毫無保留一把眼淚一把鼻涕地把自己辛酸的人生述說了一遍。我很心疼她的悲慘人生，因此讓她盡情地宣洩。過了約莫三個小時吧！我見她情緒稍稍穩定，於是用她可以接受的言語，跟她大致講了《太上感應篇》、《了凡四訓》以及因果故事。在我的講述過程之中，感覺得到她漸漸能體會為什麼這一生會過得如此地辛苦，為什麼會經歷了他人所未經歷的艱辛歲月。接著她曉得如何去自我轉化，她跟我說，或許這就是她的命吧！她願意接受，也不會有怨悔，只希望下一輩子不要這麼辛苦，不要再和冤親債主結下惡緣。她問我接下來應該如何在有生之年讓自己的心能夠平靜下來，同時又可以為來世累積福德資糧。

我知道這一位女士並沒有很好的學識基礎，因此並沒有教她太艱難的功課。我對她說：「改變命運最好的方法，便是積陰德和改變負面的情緒，讓自己的心情整天保持在愉快的狀態下，這是很重要的。」我又慢慢地舉了袁了凡接受了雲谷禪師教他改變命運的方法，如何從原本應該短促的壽命和無法獲得高官豐祿的命運，最後變成長壽綿延、子孫滿堂，甚至還位列三公；楊寶如何救養麻雀，最後子孫顯達；延壽禪師如何放生，最後往生到西方極樂世界的故事。她聽了之後如獲至寶，彷彿在生命中又點燃了一盞希望之燈。

「**做善事不一定要用錢財，主要是要有慈心和悲心**，妳雖然經濟條件不好，但隨便舉個例子，放生這件事其實是隨手可做的。比如說，螞蟻也是生命，可是一般人卻忽略了牠們。每個人的家中，說不定都有成千上萬的螞蟻在自宅的洞穴中存活著，不信你可以在有缺洞的角落擺一些餅乾之類的食物，不多久就會有蜂擁而至的蟻群。你只要對牠們念皈依、發心及咒語和偈語，願牠們離苦得樂，久而久之你的身體和心理都一定會得到不同的感受。而且只要有空每天都可以做，也不用花費任何的財物。妳沒有時間熟讀經書，我就教妳簡單的咒語和如何看顧心念的方法，就這樣子做一段時間再說。」

這位宅心仁厚的母親，據說之後天天都會跑到公園和山區尋找螞蟻窩居的洞穴，對著成群的螞蟻念誦迴向文和超拔。同時每天從早到晚，都念誦我教她持誦的觀世音菩薩聖號。她自己回憶說，幾個月之後，晚上再也不需要靠安眠藥和高血壓藥才能睡覺，而且長年咳嗽的老毛病也漸漸地好了。後來，兩個孫子研究所畢業後有很穩定的薪水，而且也懂得孝順她這位祖母，常常會奉養一些金錢給她，老太太就把這些生活上多餘的費用拿去做布施或印經書。就這樣許多年下來，她的健康狀態和家庭環境也都漸漸地趨向穩定。

那回我和她見面，很訝異地是她對我說：「老師，我大概要走了，一個禮拜前觀世音菩薩就要來接我了。我很清楚我要走的時間，我再也沒有什麼要說的，只是希望走之前能夠再見您一面。」由於以往許多的經驗，我知道眼前的這位老居士所講的都是真實不虛，於是我交代她一些注意事項後就離開了。這是這段時間以來，我親眼看到一位活生生的女菩薩，不放棄生命，勇敢地挑戰生命的真實故事。我始終記得臨走前，她說：「感謝給我力量，讓我能夠堅持到最後。」或許，這就是她選擇最優雅的方式吧！

有一次和一群學生，共有三部車，十幾個人在陽光普照的假日，駕車到宜蘭的烏石港走走，看看沙灘和海浪，這個地方過去並沒有現在這般地熱鬧，但自從有了雪山隧道之後，一到假日，便成了大批衝浪客們聚集的場所，來過幾趟，深深地被它特別的黑色細砂所吸引住，赤腳走在那沙灘上，有種遺世獨立、閒適而又安全的感覺，可以讓思緒自由地奔放翱翔，幾位外國學生有帶衝浪板，他們便帶著浪板去逐浪嬉戲，看著他們敞開胸懷，在浪尖上舞動的姿態，我覺得這一刻，人生是最自在的。旁邊有兩三位和我一樣沒有下去戲水的學生，陪著我坐在租來的遮陽傘下聊著天，突然一位學生問我：「老師，您看到這陣陣的浪潮，不知道有沒有什麼想法？」在一抹夕陽即將逝去的時候，我看著這餘暉和漸漸離去的遊客，我對著他們說了幾句話：「**我們無法去盤算波濤來的時段，更無法去阻擋它有時像排山倒海一般紛沓而至，但是如果你的心夠鎮定而又無所畏懼，我相信最後你始終還是可以踩在浪尖上，風平浪靜地駛向岸邊，優雅閒適地拾階而上。**」

13

羊毛的啟示

當我們手裡舉起了一杯檸檬汁正在飲用的時候，我們可以從透明玻璃中滾動的水果纖維看清楚這是一杯檸檬汁。當我們看到人們身上所披戴的羊毛披肩時，也許你會知道它是來自於喀什米爾（Cashmere）的高級羊毛。但是一般人不會想要去了解喀什米爾羊毛之所以會貴，以及被公認是最頂級的原因是什麼？原因是來自於它特殊的羊絨。這種羊絨的取得並不容易，只有在每年的秋末才會從羊的皮膚表層長出些許，羊絨不僅取得費工，而且山羊還有年齡上的限制。最難能可貴的是，一隻山羊也許一輩子只能從其身上長出最多不超過三件毛衣重量的羊絨，因此才會名聞遐邇。從這兩件事情我們便可以推理出來，人的習性一般只能看表相，但是，人往往也都會被表相所矇蔽，無論你是多高貴的人或一般的凡夫俗子，都極容易沉浸於自我感覺良好或因為表相而自我愚弄，這幾乎是人類的共通性。

人們若要看清生命的真實面，必須付出昂貴的代價，有些人甚至於終其一生也只是顢頇不經意地過完他的一生，因為多數人之於人生是平庸無奇的，可是對於有能量、高質感的領袖人物，**上天也許要賦予他統領群眾的任務，他就必須比一般人承受更多的起伏和不平凡的遭遇，才能造就出如陽光般的光明和鋼鐵般的意志。**

在我所知道的近代人物中，英國的前首相邱吉爾差不多就是這樣子的人物，他的一生一直與憂鬱、焦慮和躁鬱形影不離，可是他又能夠牽動整個大英帝國的命脈，他是如何辦到的？原因其實並不特殊，主要都和所有的歷史人物一樣，都得從無數的生命挫敗中尋找到力量。

邱吉爾曾經被這個世紀多位具有影響性的領導人物評定為——十九世紀以來至今全世界最具影響力的政治家。他有著多元性的特殊背景，例如：他也是一位很有名的歷史學家和畫家，並且曾獲得諾貝爾獎。他給人們留下了一個很有魅力的印象，那就是他在遭遇到任何的挫敗，甚至於一面倒的惡意曲解，或者是部屬倒戈背叛，他也不會因此而趴倒或放棄他的使命及堅持。讓我們仔細幫這樣子的人物往前倒帶回顧他的一生，年少時他就是一位很難管教，令父母老師很頭痛的學生，甚至於有些學科都是在交白卷的狀況下度過，成績也經常是在全校倒數的排行中掛榜，尤其他剛愎自用的個性幾乎找不到半個說話的朋友。他也曾經兩次為了投考心目中鍾愛的軍事學校都不能過關而不得不放棄，最後以吊車尾的名次進入最差的兵科勉強度過他的軍校生活。

世人的眼中以政治聞名於世的邱吉爾，其政治生涯也不見得是一帆風順，甚至於也曾經被關押在政府戰俘營當中，最後憑著他一身是膽和過人的智慧逃獄成功。雖然邱吉爾看起來少年得志，很年輕就入閣議院，步入政治生涯，可是並不是那麼順利，曾經在領不到任何薪資的狀態下，迫使他想辦法兼差維持生計，最後只得跨黨。雖然比之前較為順遂，甚至於還躍升為部長，但在部長任內被同儕牽累導致損傷了將近三十萬名士兵，因為這次的事件導致所有人都要他下台謝罪。那段時間幾乎是他人生中最慘淡的日子，如同過街老鼠般沒有人可以了解他或體諒他，最後還被降級到陸軍步兵營營長的卑微位階，但他只能莫可奈何地從命。最後，浮浮沉沉到了中年，好不容易被英國首相給相中，認為他是不可多得的人才，使得他又能夠再度重返政壇，但依舊事與願違，在不能連任的狀態下曾經整整兩年在失業中度過，這時他已年過半百，而且命運之神似乎不斷地和他開玩笑，不斷地在他的宦海生涯中大起大跌，令他遍體鱗傷，最後他終於因為重返保守黨，才漸漸地從議員一路爬升到財政部長的位置。但是，由於英鎊升值的事件，讓英國人民倍感不快，特別是勞資對立的問題，導致英國在歷史上爆發了從未有過的經濟大蕭條，許多人流離失所，引發了極大的社會問題，邱吉爾再度被黑暗之神的箭射中，從五年的財政部長位置中箭身亡。從此以後他的人生整整有十年是沒有色彩的，只能拿起彩筆作畫娛樂自己，他的家人、小孩、同儕對他也都極度地不能諒解，即便有時他投稿想要發洩、抒發自己的政治理念，但自始至終無人理會，邱吉爾就這樣子跌跌撞撞過著無冕、無銜、無錢的身分。一直到了他六十六歲，受到當時英國國王喬治六世授權給予首相的重責大任，他才有機會一展鴻圖，平反英國人數十年來對他的曲解。如果邱吉爾和絕大多數的人一樣的態度，一遇到挫折就縮成一團或躲在黑暗的區塊與世隔離，那就沒有日後的二次大戰反敗為勝的機會。

人的一生可以有很多次的劇幕，在舞台上你也可以無數次地上台，但不一定每一次的角色都可以扮演得很成功，只要你全心全力把自己當下的角色扮演好，你自己覺得滿意，觀眾也覺得開心，其實就是最好的退場時機。只要是由凡人攀升到偉人的過程中，就注定要承受以及幫一切子民代受所有的苦難於一身，所以不需要有多餘的辯解和取得他人的附議。苦難和痛苦是強化最重要的元素，挫折和阻礙就是成功最好的時機與動機，千萬不要因為一時的困頓或一連串的衝擊而放棄了自己的鴻鵠之志。

14

孤注一擲的勇氣

懷孕婦女在胎兒未出生前，其實都充滿了許多未知數，尤其對於高齡產婦來說，這種風險更大，其中有各式各樣不利於母親和胎兒的因素，例如分娩窘迫就是一個經常會碰到的現象……。我素來對於一切和音樂、歌劇或演唱相關的表演節目，以及這個領域有專業素養的藝術家都極為關注。二十一世紀其實是藝術領域的世紀，特別是音樂，全世界幾乎都有辦不完的活動，像奧地利的布雷根茨音樂節是從二十世紀中期就開始每年都有活動，而且它的舞台設計幾乎是歐洲最領風潮的指標，每年吸引成千上萬各地音樂愛好者來到此地取經；在法國南部普羅旺斯每年也有歌劇節，它是在法國最著名的古羅馬劇場舉辦；浪漫愛情故事的主人翁——羅密歐與茱麗葉，他們的故事發祥地是在義大利的維洛納，這裡有全世界最著名的露天歌劇院，幾乎每一年都可以吸引數萬人來參加，從夏天到秋天一連串的音樂活動……。

任何一場音樂會或演唱會最重要的靈魂人物便是演唱家，即便場景再令人驚嘆或美輪美奐，但如果欠缺一位好的演唱家作為主導，就會遜色不少，這數十年來音樂界培育了不少的歌唱人才，但我認為這除了天分、機運，最重要還是要有善良正向的一顆心，才有辦法詮釋這世界上最美好的音符。馬賽洛·喬達尼是我見過目前算很優秀的男高音，他在紐約幾場歌劇擔任主角，像《卡門》、《阿依達》等等，都是難度極高的演唱技巧，但他卻可以輕鬆地駕馭，令人嘆為觀止。

說到演唱的技巧那可是千頭萬緒，聲樂這個專有的技術是最難表達的，因為它的點是在演唱者的聲音上面，這也是目前世界上音樂存在最原始的元素，它不需要任何的樂器，也可以透過演唱家敘述整首曲子的精神。至於技巧，每個聲樂家從啟蒙開始，如何尋找共鳴點，運用鼻腔、頭腔、胸腔……，來練習到完全地掌握最好的狀態，這就必須靠後天的努力。像我聽過目前聲樂界最老的聲樂家，年紀接近九十二歲——義大利的男高音安杰洛・洛福雷賽，雖然在他的年代當中並非箇中翹楚，他被許多風起雲湧的聲樂家奪去了丰采，但是他的精神令人讚佩，終其一生都在為聲樂奉獻，而且到了九十歲耄耋之齡還能夠到處獻唱，其唱腔之飽滿，並不亞於一般的聲樂家，這也是令我極為佩服的一位達人。

二〇〇九年英國有不同季的達人演唱競賽，其中有一位來自於蘇格蘭的演唱者，她就是日後被戲稱為蘇珊大嬸，關於她的崛起頗負戲劇色彩，文章一開始提到分娩窘迫的問題，其實講的就是這一位大嬸，她的母親在四十七歲高齡時產下她，當時的醫學並沒有像目前這麼發達，所以導致蘇珊生產時因為缺氧而腦部受到損傷，再加上她後來被判定為亞斯伯格症，因此在她的學齡時期過得並不是很愉快，而且經常被霸凌和嘲笑，最後她只能學習一技之長，當一名廚師，但是也不了了之。所以在她未參加歌唱比賽之前，她的人生幾乎都是賦閒在家，處於待業狀態，父母家人也無可奈何。這蘇珊大嬸雖然別無其他的長才，但是由於從小就喜歡哼哼唱唱，這也變成了她唯一的興趣，平時她除了幫社區的教會做做志工以外，倒也沒有其他的事情令她煩心。就在二〇〇九年的偶然機會中，她參加了英國達人的試鏡，一開始沒有任何人看好這一位舉止笨拙、穿著老土而又木訥寡言的大嬸，所有的來賓和在場的與會評審單位從來對她並無抱持任何的正面態度，但是沒想到，當她開始引吭開唱時，所有的評審變成目瞪口呆，有的張大嘴巴，差點從椅子上跌落下來，因為她特殊的嗓音和歌喉震驚了所有現場和大會所有的聽眾。在場的三位主要評審當場就給了她從未給過的評分，從那一刻開始，蘇珊波以爾一夜之間成名，在每一場的比賽和表演中，幾乎現場來賓在她唱完之後，都是全場起立鼓掌很長一段時間。她任何的比賽或表演一放上YouTube，幾乎都是全世界爭相目睹這位新的歌唱達人的特殊風采，經常點閱人數都是超過億萬人，接著陸陸續續許多唱片公司都想盡辦法要幫她出專輯，她第一張唱片甫一出版便創下了全世界排行榜的紀錄，接近千萬張。曾經有人幫她計算過，現在只要她一出場，她每分鐘就可以為自己賺進將近五十萬新台幣的收入。目前她的財產在極短的時間之內，已經累積了超過十億萬元的新台幣，這位大嬸雖然已經成為國際上家喻戶曉的人物，而且也不必為了生活窘迫而有任何的擔憂，但她喜歡的工作卻是在一家不起眼的投注店當店員，而且一個小時的收入也不過折合台幣三百塊錢左右。

萬物生靈仰活於世界上各有天職，無論是國王、販夫走卒、眼睛看不到的腳下螞蟻或到處竄爬的蟑螂，山區中任意散布的羊群或水中沐浴的野牛，都市森林中為了五斗米仰人鼻息的升斗小民……，都有他存在的價值和所必須扮演的角色，但不論你掌握到時機一飛沖天也好，或者是慘遭滑鐵盧重挫也好，都應該泰然處之，因為這些都是不實有和如夢幻一般。生命要活得有意義，便是不要浪費時間在別人對自己的觀感或眼光，自在的人生就是處於無任何狡詐、諂媚和矯揉做作之中瀟灑而活，**只要你有夢想和抱負，你就毫無畏懼地去衝刺吧！畢竟創造力是始於夢想，夢想能否成真？有時就在你那孤注一擲的勇氣上。**

15

時尚背後的故事

時尚這個名詞由來已久，並非當代才有的用語。現代人講求穿著、髮型、配件、用品等等，覺得可以引起風潮、帶動流行的，就稱作是一種時尚，因此有許許多多跟時尚相關的用語一直被人們所引用著，例如：皮草風、百搭風、嬉皮風、嘻哈風……，現在各國所用的時尚相關用詞，大部分都是古中國帝闈間或歷史人物的對答用句或用詞所延留下來。時尚這個用詞，指的其實就是合不合乎現在社會所能接受的需求。另外時尚有時也表現在人們相處的用語上，在古書及歷史上也時有所見，應該是當時社會上流行的表達語吧！因此只要人們一聽到，就知道指的是什麼，例如：《漢書》裡面極著名的一個典故，講的就是時尚這個代名詞，但當時所用的是「不識時務」。從這句話就可以了解，不管是為官從商，大家都有個共識，如果你不懂得做人處世和觀察時事，就很難在官場上呼風喚雨或左右逢源。

漢朝有一位很有名的孝子叫張霸，憑著自己的真才實幹走上台面，他有別於當朝逢迎拍馬的政治人物。當時太后的哥哥鄧騭可謂是權傾朝野，人人爭相巴結，只要可以贏得他的歡心，就可以平步青雲，或許也因為張霸的特立獨行，引起了鄧騭的好奇心，反而想認識張霸，可是張霸卻一再地推說公務繁忙，這事情引起了滿朝的議論，宮廷中於是傳出了這句——張霸是一個不識時務的人。漸漸地，「不識時務」也就被民間用於一個人不懂得利用人脈和裙帶往上攀爬的用語，一時蔚為流行術語。

不僅如此，中國古代的皇帝或后妃所穿戴的用品和衣物，只要不違反身分和法令，人們也會爭相仿效。連現代也不斷地重拍以唐代楊貴妃為背景的一些電影和連續劇，收視率和票房都極高。但是如果依照古書上面的資訊和詩詞所描繪的來看，楊貴妃的身高和體重，也許會令很多男人大失所望，很多女人也都覺得根本不需要花任何費用去減肥或針灸。當然，很多歷史學家的研究各說紛紜，大體上來講，楊貴妃的身高大約是現代女性的中等身材，約莫是在一百六十四、一百六十五公分之間，但是關於體重，各方所給的評語都是微胖，有的人估計楊貴妃將近七十公斤。這也許和當時唐朝人的審美觀念有關係，對於當時的女性而言，楊貴妃的身材可說是一種風潮。這就恰如漢代的趙皇后是一個明顯的對比。

漢成帝平日極喜歡欣賞舞蹈和音樂，尤其是趙飛燕，每當她隨歌起舞的時候，皇帝都會陶醉在那氛圍當中，一日正逢中秋月圓，趙飛燕又和一批宮廷舞者在戶外為皇上表演著曼妙的舞姿，恰好一陣風吹來，沒想到骨瘦如柴的趙飛燕，竟然被這風吹得一陣踉蹌無法隨著節拍起舞，差點掉落水池之中，還好旁邊的宦官眼尖手快，才把她給拉住。從歷史的記載中文字的描述，都寫著趙飛燕終生無子，所以有好事的太醫就判斷，可能和她身骨過瘦是有關係。但由於皇帝的喜愛，從百官到上流社會的一些官夫人們，也都爭相減肥和學習她的穿著打扮，慢慢地在社會上竟也形成一股風潮和流行。

經常在歐洲和西方的雜誌上看到很多裝飾品，尤其是女性的髮飾、別針、項鍊、手鐲，其實也都源自於中國的三代時期。由於當時婦女的髮髻和社會地位身分有關，所以所用的形制、顏色其實都有講求，光是到了唐代，由於髮型變化極多，就有各式各樣不同的高髻、低髻、雙髻……，近百種的變化，在這些頭髮上，點綴著不一樣的髮簪，髮簪上有的還掛著不同的綴飾。現代人所用的假髮，其實在唐朝就已經盛行不輟，也是從楊貴妃、妃嬪們流傳於社會民間的。中國歷代從朝服到一般民間的服飾，都隨國家的興衰交替和當時的文化潮流有關，當國家太平盛世時，服飾都趨向於色彩鮮明豔麗、活潑朗發，從婦女的穿著中也可以看出目前國內是否一片昇平。如晚宴時都以露出胸線和肩膀，胸領以深V和半弧形為趨勢。隋秦以後，直至唐朝，由於國勢漸趨穩定，版圖擴展遼闊，相對著整個國家由於沒有戰事，從百官至一般貴婦所穿著的服飾更加地變化萬千，無論是所用的布質或所繡的圖騰，以及服飾配件都走向於豐富而又充滿了象徵富貴的元素。

像隋唐以後很流行的仙裙搭配帽子，也曾在歐美風行過一段時間，就連時尚雜誌上的模特兒也穿過這樣子的衣服。這種在袖子上點綴了各式不同的碎片，薄如蟬翼、若隱若現的袖衫，其實在中國大唐時期一般貴婦在晚宴時都會穿搭出席。至於現代女性所使用的一切化妝品，在楊貴妃時期可說是爭奇鬥豔，用盡了各種色彩，也有一些女性專門用巧思在女主人臉上，用不同的顏色描繪出各式各樣的眉毛，所以，這就是為什麼在唐宋時期，有那麼多的騷人墨客，可以有大量的題材用於描述女性。描寫化妝之後和穿著打扮時的豔體詩盛行於當時，這和當代我們所處的環境幾乎同出一轍，甚至於有過之，只不過現代人可以透過新聞媒體雜誌去了解現在各行各業所流行的到底是什麼，在古代只能透過口耳相傳，大家爭相仿效，差別應該是在這裡。

有一次某位從事品牌行銷的香港學生拿了一本流行雜誌給我，我被一個品牌標誌給吸引住，台灣人都習慣稱為「外雙C」，因為它是用兩個英文大寫朝向不同方向為主的品牌，感覺簡單有力，但又令人印象深刻，非常有創意，可見這個品牌的創始者應該有她獨特的魅力。時至今日，這個品牌的營業額已經多達七十億歐元，全球有三百多個賣點，遍布在各國最繁榮的百貨公司或專賣店，它主要的項目是以各式各樣的時尚服裝、化妝品，還有不同的裝飾品為主。這個品牌創始者一度曾被時代雜誌評比為當代最有影響力的百人之一，特別是在時尚圈，幾乎都是以她為龍頭，她是時尚的指標。但是世人並不知道這一位二十世紀叱吒一時的Coco——嘉布麗葉兒．波納．香奈兒，她曾經被父親留置到孤兒院，成為了再也沒有看過父親的小孩。在孤兒院，香奈兒接觸到了和時裝最初啟蒙的印象，便是在那裡學會了裁縫，後來她也因為這一項技能，得到了一份裁縫店的工作，由於她與生俱來的造型設計和天分，結識了很多欣賞她的客戶。這段期間她曾經在酒店裡駐唱過，也認識了一位花花公子，他是法國的貴族，這個男人帶領著她遊走穿梭於各式各樣法國上流社會的交際圈，這對初出社會、情竇初開的香奈兒，整個人生和視野完全地大翻轉，她看到了各式各樣的紅男綠女，以及從未想像過的一些穿著、配搭和化妝的方式，這在她的記憶中，深深地烙下了各創作來源最初的印象。

香奈兒一生中雖然感情的路並不平坦，充滿了坎坷，但影響她最深的兩個男人——艾提安和亞瑟，這兩個男人曾經令她的內心世界長時間地衝突和矛盾，尤其是艾提安，因為他出生貴族，在父母親的威權之下，他甚至於連香奈兒的名字都不敢提起，最重要的是艾提安打從心裡就沒有想過要和香奈兒白首偕老，這令香奈兒很長一段時間極度地痛苦，最後她選擇了離開他。到了巴黎的香奈兒，由於是新手，完全沒有人認識她，所以她的工作室可說是門可羅雀，一度連房租都繳不出來。

這樣子經歷了一段時間，她碰到了舊日的情人和香奈兒的一個女性好友，三個人另找了一個店鋪開始買賣生意，主要是賣香奈兒創作的帽子為主，沒想到這一做，知名度打開了。這段時間許多同行和**有心人士蜚語流長地攻訐她的名譽，令她備受批判，但她並沒有因此而被擊垮，反而愈挫愈勇，令自己的創作從橫逆中找到了許多的創意與靈感。**

之後她和亞瑟之間纏綿糾葛的情愛，由於另外一個女人的介入，甚至於讓香奈兒憤而把最鍾愛的一頭長髮給剪下來，以示斷愛的決心，她這時候在心中暗自許下了一個堅定的信念，她一定要在時裝界闖出一片天下。就在不久之後，亞瑟的朋友捎來了一個噩耗告訴香奈兒，亞瑟在一場車禍中面目全非，身首異處。這個打擊簡直是晴天霹靂，一時之間香奈兒癱瘓了，她也完全對亞瑟的不忠誠釋懷了，甚至於她覺得她的一切都是亞瑟給予的，沒有他就沒有香奈兒，所以她選擇寬恕，同時從這裡形成一股創作的能量，她決心終身不嫁，好好地把時裝的事業和品牌打造出來，回饋給她的粉絲和愛好者。

16

遺傳學之父的志向

在中國所有的詩詞大家中，我最心儀的其中一位便是陶淵明，主要是因為他晚年所做的詩流向於清朗自在、不受造物所拘、不向現實低頭，由於經常在山居曠野中傲唱，留下了諸多不朽的詩文，著名的《桃花源記》、《歸去來辭》等都是他流傳於世的佳作。但是，如此的曠世奇才卻由於政治的關係，使他未能在文壇上得到該有的定位，甚至於在他往生後的百年以內亦不被承認。

目前全世界紅學正夯，連老外都成立專門研究《紅樓夢》的團體，可誰也沒想到，曹雪芹當年已是身染重病，卻無錢可醫病，雖然自幼能文善畫，但是他的傲骨和昔日的阮籍幾乎一致，即便家中已無隔宿之糧，他依然不願向人低頭，最後窮病潦倒致死，留下一部皇皇巨著——《紅樓夢》。

一九七九年過世的界畫大師——黃秋園，也是和陶淵明風骨雷同的一位藝術名家。在中國，除了畫過〈清明上河圖〉的張擇端之外，再也沒有人可以像黃秋園一般的功力。曾經聽過李可染大師對這位逝世已久的黃秋園如是評價：「在中國，只有黃秋園結合了石濤、王蒙等大師的精粹，但又不拘泥於一家，自成風格。」最重要的是他一生剛介不阿、視名利如敝屣的風骨，太多人嫉妒他的藝術才華，不斷地詆毀排擠他，因此生前並未受業界所認知，直到他逝世多年後，他隱藏的巨著才公諸於世，一時譁然，影響了整個大中國畫壇，這又是一例。

巴哈，可說是現在當代音樂藝術創作者不可或缺的領航導師，但許多人不了解巴哈生前並不是一位很受重視的音樂家，也許只有少數的大師能夠品嘗他獨特的音樂風格。例如：莫札特就對巴哈的作品一直有很高的評價。巴哈應該要感謝孟德爾頌，因為他在一場偶然的表演會上發表了巴哈的作品之後，引起了極大的震撼，從此，巴哈的名聲才逐漸上揚，但這已經是巴哈過世後極久的時間。

梵谷這位長期被精神疾病糾纏的畫家，現在我們印象深刻的只是他用色很灰暗、筆觸很爆裂的一些畫作，雖然他曾經在幾年之間畫出了二千多幅畫，但是他貧困的生活，使他經常身無分文，有時候好幾天都沒錢買一口東西吃。再加上他易怒火爆的脾氣，雖然有些長輩都是在經營畫廊，可是卻沒有半個人願意幫助他，三十七歲的他終於敵不過自己身心交戰和現實的逼迫而走向了自殺一途，雖然留下幾千幅的畫作，但他的名聲卻是在死後由他的弟媳幫他給打出了知名度，這中間又超過了將近三十年的時間。

我舉了東西方這麼多位的名人，主要是要說明這個世界上很多人的造化是不一樣的，有的人窮其一生汲汲求名，但名聲卻始終不來；有的人抱著隨遇而安的態度但名利卻追著他跑。像畢卡索從小就學畫，畫了一輩子的畫，九十幾歲過世，他的一生永遠和名利劃上等號，是當代所有畫家中最令人稱羡的一位。無論在各行各業中都有各領風騷的人物，但也有默默在自己的工作崗位上為自己的興趣或人類的福祉而努力，不求聞達者，為數也不少，像是被尊稱為遺傳學之父的孟德爾就是一個例子。

如果你叫一個農夫用八年的時間去做同樣的一個動作、實驗，我相信大多數的人都會選擇放棄，因為這必須要有高度的堅持和意志力。孟德爾，他整整用八年的時間進行豌豆雜交的實驗，通過豌豆的授精、高矮的雜交所產生出來的品種，這八年的研究所得支持他發表了植物雜交的理論，基因的概念和遺傳因子的理論從此奠定，後來的人就簡稱為孟德爾定律。可是他花費了這麼長久的時間努力不懈的結果並沒有得到學術界的肯定，一直過了將近四十年的時間才被植物學家予以證明並肯定他的理論是正確的，從此以後孟德爾就代表遺傳學。孟德爾是奧地利人，成長於家中都是姐妹的家庭，他是獨生子，由於家庭極度地貧寒，孟德爾雖然對讀書有興趣，但因為家境的關係，求學的過程是辛苦的，但由於一家人感情融洽，父母姐妹都默默地支持著孟德爾，曾經一度他的學費是經由全家人節衣縮食、東縮西湊才湊足，讓孟德爾去上大學，他的母親更是令人感動，為了節省飲食開支，不惜每天走三十多公里的路途送一個麵包給孟德爾吃，他的妹妹為了支持他求學，把自己的嫁妝也變賣掉，或許因為自己的天賦再加上家庭的支持，還有努力不懈的精神，讓他能夠順利地把學業完成。

原本支持他學費最大的來源便是父親的工資，但在一次的意外中父親受了傷，從此無法賺錢，還好皇天不負苦心人，他的指導教授欣賞他的才幹，不斷地支持他，也滿足他的生活條件。由於從小沒有足夠的飲食條件，導致於孟德爾一生中都在和病魔搏鬥，幾乎大病無數次，小病更是不間斷，可是他不會因為身體的羸弱而放棄沮喪或氣餒。這讓我想起「負薪掛角」這句成語，成語中的主人翁叫做朱買臣，他的一生也經歷幾番的波折和奇遇，人生中起伏不定，雖然也曾暴腮龍門，但是卻又能百折不摧，幼年時家中赤貧如洗，後靠苦讀屢升高位，於宦海中多次遇難，甚至於困頓到必須出賣勞力，連老婆都背棄他，朱買臣也沒氣餒，後來於顯達時反而送貴物予前妻，其妻內疚羞愧而自裁，這就是戲曲野史覆水難收的作俑處。朱買臣讓我引以學習的地方就是他對知識的渴求，哪怕他因為家中窘迫困苦，為了生計必須每日賣柴，但是他身上都背著書籍砍柴，一有閒暇便立即讀書，這種精神給我的啟示極深。

蒐羅窮盡**古往今來東西方聖者賢良，他們在處於亂世或遭杯葛的時候，亦或面謾腹誹，乃至深文巧詆，心裡也是一片平靜，因為他們知道他們的目標在哪裡，不會為了眼前的是非而影響到自己的志向，**更不會因為他人的冷眼熱語而讓自己胸中橫梗荊棘，因為他知道他的目標不是少數人而是全世界，真正有志向的人更不會因為他人的傷害而一蹶不振，成大事者懂得在淵谷之處如處康莊，於疾病處同無恙，總而言之，只要能夠立定志向為大局著想，為他人福祉設想，那麼就應該懂得用患難之心居安樂，用平靜之心處富貴，如此，我想人生就無往而不利。

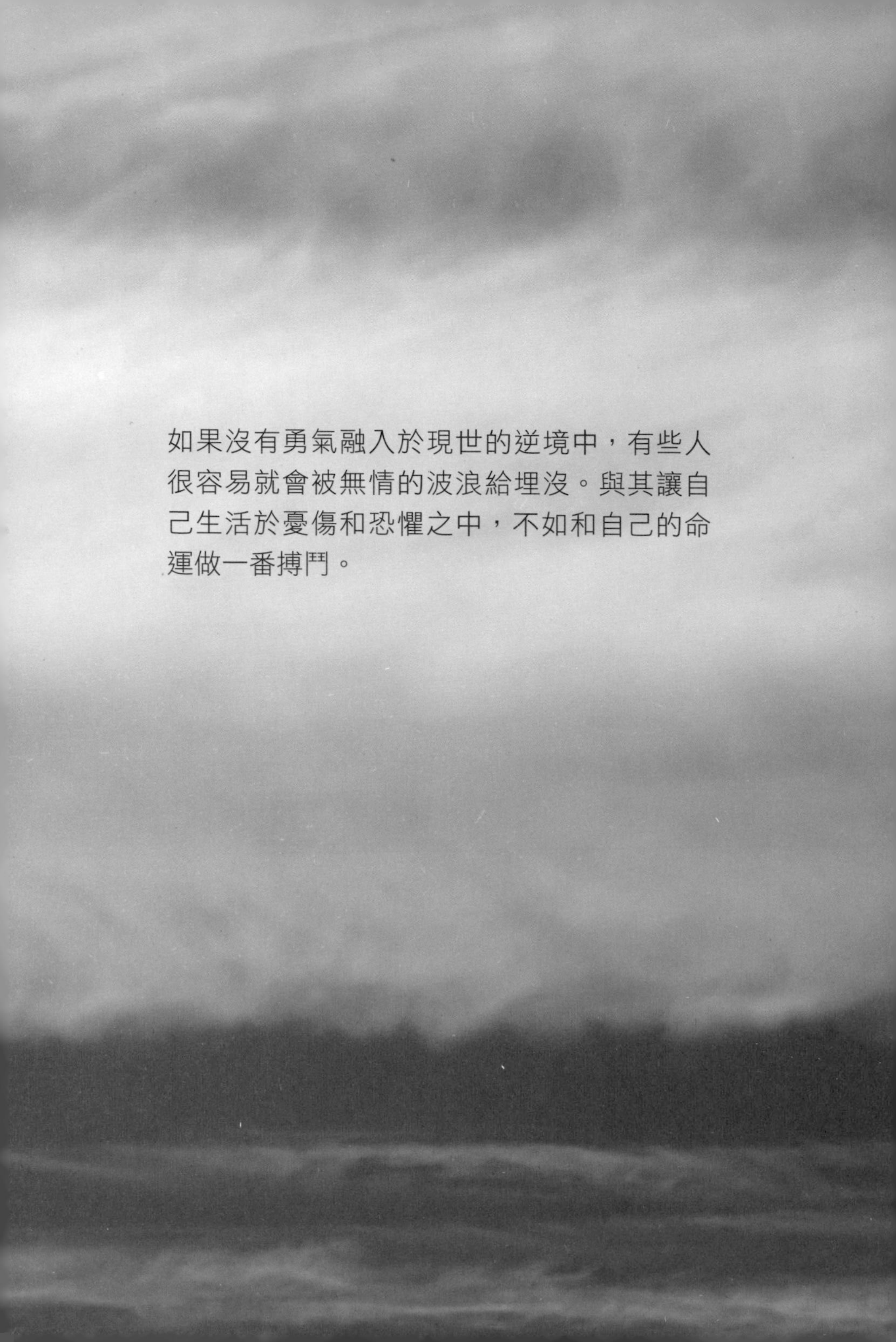

如果沒有勇氣融入於現世的逆境中，有些人很容易就會被無情的波浪給埋沒。與其讓自己生活於憂傷和恐懼之中，不如和自己的命運做一番搏鬥。

毅力堅持

17

成不成看自己！

最近，常常思考古人所說的一些警世話語，想來也有它真實的意義，例如說「山居閒置一茅屋，佔地不需大，只要六尺地，不用太華麗，不失精緻即可。平日裡不求名來不圖利，清淨結緣做為生平解脫計。不刻意攀緣，也無避世離塵意……。淡定如同止於水中，生命中希望有鳶飛魚躍的光景，即使處於狂風猝雨之中，也能有波平浪靜的旖旎。」這些話細細想來，似乎道盡了現代人心中起伏的現況。人生在世本來就失意的多，得意的少，如果沒有正面開闊的胸懷，那只能落得寡鬱終身。就像詩人們常吟唱的「千疊雲山千疊愁，一天明月一日愁，春風難解心中怨，百花焉化雨中愁」。**因此，如果沒有勇氣融入於現世的逆境中，有些人很容易就會被無情的波浪給埋沒。**

由於經常和許多在現實生活當中遭遇到苦難的朋友或學生們做問答諮商，所以我也常常舉些見聞上面的一些參考個案資訊，提供給正處於憂傷狀態，無出口或尋找不到任何療癒方法的人一些參考的個案。例如前些時日對一位正在徘徊於是否要從大半生的軍職生涯中，尋找其他另外跑道的學生，我就舉了美國海軍第一位黑人潛水員，後來被美國榮升為首席士官長的光榮職位。他在近四十歲的時候，一次在艦艇上的意外事件，讓他失去了一條腿，而且在當時種族歧視還很明顯的社會，他一直被長官和同袍欺壓，即便他完成了最艱難的尋獲核彈任務，成為世界上知名的人士，他還是被挑剔和刁難。最後他在眾目睽睽的公正會議中接受挑戰，身上背負著兩百九十磅重的潛水衣，沉甸甸的裝備背負在他只有一條腿的身軀上，他竟然可以不畏懼地完成了徒步十二步的考驗，重新獲得了職位。因此他殘而不廢的故事，成為家喻戶曉的傳頌題材。我跟這位擁有官銜的同修舉了許多的例子之後，他重新又拾起了對事業的鬥志並燃起了心中的光芒。

各位也許知道，在澳洲也有一位四肢都短缺的人士，他並沒有因為他沒有了雙手雙腳就放棄了自己，雖然他也曾經經歷過被嘲笑、譏諷、奚落、排擠，到最後天天想自殺，後來由於信仰的緣故，他找到了生命中的出口，努力地讓自己生活過得很充實，同時也影響了許多人。他曾經沮喪地和許多人講，他不敢想談戀愛這件事情，就算有女伴，他也沒有雙手去擁抱對方或者牽著對方的小手。總之，他經歷了別人一生中都無法經歷的痛苦和經驗，最後他覺得**與其讓自己生活於憂傷和恐懼之中，不如和自己的命運做一番搏鬥**，最後他終於成功了。現在他可以很輕鬆地運用身上的肌肉和一般人一起游泳、開汽艇……，他還去過二十幾個國家，對著不同的族群講演勵志的話題。和他互動過的人士早已超過百萬人，而且近期他還贏得了美人心，娶得了一位日本美嬌娘。

一位來自波蘭的女選手，在奧運期間，引起了世界的關注，原來她是一位失去了一隻手臂的單手桌球選手，但是在比賽過程中，她優異和矯健的表現，贏得了全場的掌聲和鼓舞。你也許不是一個喜歡運動的人，更不是一位專業的運動員，可是你可以想像得到，沒有了手竟然也可以參加奧運桌球比賽？可見她在這一條路上奮戰了多長的時間。我覺得從她身上看到了人類與生俱來最高潛能的激發狀態。

生命既然可以存活於天地之間，就是暗示著每一個人自然有他的潛力！即便一時之間沒有辦法衝到生命的極限，但是，相信只要是用最極致的真誠去面對自己的真誠，任何一個正在十字街頭茫然徬徨不知方向的人，抑或正在痛苦深淵底層哀號的人，假如他可以做到真正地相信自己「可以成了此事」，那他最後一定可以大獲全勝。就如同一個可以放下自己內心執著的人，當然他也可以寬恕和諒解所有的敵人一般。

10

永不放棄

常常有人會和我聊到他們參加了很多的激勵課程、成長課程和心靈重建的課程，有的人在那些課程進行期間，感受到了激勵，或者課程結束之後，覺得已經達到了療癒的效果，可是當又重新接觸到現實生活中的情境之後，往往卻又整個崩盤，無法自已，許多人為此感到不知所措。

人要瀟灑地在這個空間當中自由地奔放、展現，他是要有一定的智慧和善巧的，特別是當你的生命中先天的條件並非那麼優越，甚至於與生俱來就有所匱乏，因此受到了種種的歧視和不平等的待遇，如果這個時候自己的心念無法轉彎，或者無法依靠信仰的力量改變自己，那麼這個人生就會變得極為慘淡和灰色。

愛爾蘭有一位有著極其特殊遭遇的作家，同時也是一位畫家——克里斯帝．布朗，他出生的時候因為患有腦性麻痺症，導致於神經受損，所以講起話來咕噥嚨咕噥嚨地，如同含著一顆東西在嘴巴裡面，沒有人聽得清楚他所要表達的意思，在伴隨著他的身體也因為情緒的牽動，經常會不由自主地顫抖和無法控制地抽搐。除此之外，他只剩下左腳可以活動，因此生活當中一切的運作，也只能憑仗著左腳的五根腳趾頭。也因為疾病的關係，養成了他可以用五根腳趾頭放置黑膠唱盤。可想而知，對於克里斯帝．布朗這樣子的人來說，生命是悲慘和艱辛的，但是他也只能默默地去承受這一切。

然而，他的母親極度地眷顧他，常常樓上樓下地抱著他龐大臃腫的身軀。為了要買一具輪椅給他乘坐，使得全家人經常挨餓只吃米粥，最後僅存了二十八磅，為此父母還大吵了一架。擁有輪椅這個願望，直到他十九歲的時候才讓他滿願。

由於母愛的緣故，他從小和母親的感情便極度地親暱，有一次他的母親昏倒在樓梯間，他奮不顧身地用他的身體滑行直下，使命地用左腳踢撞著家裡的門板，藉此引來左鄰右舍的幫忙，把他的母親送往當地的醫院，救了他母親一命。

有一天母親發覺他有特殊的才華，看到他用腳趾頭夾著粉筆在地上畫畫，而且還有一種特殊的風格，母親知道他有創作的天分，因此鼓勵支持他朝這方面努力。由於母親的鼓勵和慈愛，再加上自己先天的繪畫天分，以及悲天靈敏的個性，指引克里斯帝．布朗朝向了人生另外一個目標努力奮鬥不懈！他並沒有因為從小受他人的揶揄嘲笑而放棄了自己，甚至後來反而把自己的經歷寫成了暢銷小說，甫出版便洛陽紙貴，引起了文壇一陣騷動，也被二十幾個國家翻譯成為暢銷書。在他妻子的細心照顧之下，他不斷地有膾炙人口的小說問世，例如《生不逢時》就是其中的一部……。最令人震撼的是，這位從小就不被看好的小孩，當他往生的時候，愛爾蘭舉國緬懷、為他舉辦哀思的儀式和一連串的追悼活動，甚至於連愛爾蘭的總統都受到了感動。他生平所寫的小說還被拍成電影，獲得奧斯卡的獎項。

人們在面對自己的脆弱和弱勢的時候，通常伴隨著的就是沒有信心、恐懼和缺乏安全感，因此很多人都需要有人在一旁照顧。可是我們同時也必須面對和審視這個問題，我們每個人都是赤裸光條地來到這個人世間，想當然爾，最後也必須是一個人獨自回歸到每一個人應該去往的他處。因此每個人應該都要訓練自己免除恐懼心，養成獨立自主的堅毅個性。

世界上有兩種殘疾，一種是身體的不便，一種是心裡他人看不到的障礙疾病。但是我們自己一定要很清楚內心的病源，而且無論內外的殘疾，最重要的是你要去面對和承認這些都是事實，同時要和自己的疾病溝通，也要原諒和寬恕自己的黑暗面。**人往往在選擇了原諒和**

放下憂傷和瞋怒之後，力量同時也跟隨著彰顯起來。人類最大的疾病，是在於無法原諒自己和他人，如果人一旦選擇了固執，那我想連神和菩薩也沒有任何的智慧可以幫助這個人。

天下最大的能量來自於永不放棄自己，就像過去美國有位衝浪好手，她在年少時，因為某次的衝浪被鯊魚奪去了她的手臂，但是她從痛苦和失望之中反而尋找到另外的人生新方向。經過幾個月的休養，身體漸漸康復之後，她立誓在哪裡跌倒，就要從哪裡爬起來。於是她重返傷害她的海洋，站立在衝浪板上不斷地面對大海和練習，最後她征服了大海中無數次的波浪，贏得了多次的全國冠軍。

每個人都會經歷人生當中不同的低潮階段，但是只要記住，人生就像一根甘蔗一般，你只要努力地去啃咬和品嚐，最後一定會獲得甘甜的回報。

19

生命中沒有失敗的存在

關於失敗這件事情，全世界的人都發生過，甚至於到現在還不斷地發生，尤其對於處在金字塔頂端的成功人士而言，幾乎都是因為有多次的失敗經驗，才能簇擁他站立在不被動搖的磐石上面。在這個世紀中，尤其是在工商企業界，有太多被培塑出來的所謂激發成長領導經理人，最近這幾年也都專門設計了許多的課程，這些課程大都是如何讚許和激勵這些基層領袖們，如何在失敗之中仍然保有樂觀進取的態度。我經常會接觸到學生們來找我諮詢他所認為的悲慘和失敗的現況，有的公司瀕臨倒閉，而老婆又跑掉了；有的長期處於待業中，而男友卻悄悄地把所有的東西都搬走；有的是接獲了工作專案，但是長時間卻無法完成。總而言之，有很多人都是在發生接踵而至的倒楣事情或是不順心，導致情緒極度地不穩定，從此無論是在人際關係上或工作態度上，都呈現負面的現象，接著就是過著自怨自艾的日子。其實同樣是生活在太陽底下，可是有的人為什麼總是會被自己的情緒和憤怒淹埋了理性，有的也因為不順心而長期處於焦慮悔恨、自我傷害的日子中，消磨寶貴的人生。但是相反地，**在世界上卻也充滿了許許多多和命運搏鬥而贏得勝利的勇士們和強者，他們自然有自我療癒的一套哲學和正向的人生態度。**

三〇年代在美國西岸有一位汽車產業的翹楚，他後來成為赫赫有名的別克汽車最厲害的業務大亨，他所創下的業績，在別克汽車的歷史上可說是無人能及，然而，正所謂花無百日紅，朝開暮落，人生的場景不可能永遠擺在同一個定位上，風水輪流轉，如同王勃的詩中所講「物換星移幾度秋。閣中帝子今何在？檻外長江空自流」一般，當查理斯霍華在人生最風光的時候，突然間他的獨生子在一九二〇年的車禍中離開了人間，那段時間，長久跟著他的枕邊人也離開了他，最後又遭逢美國股市大崩盤，一般人遭遇到這麼多一連串的打擊，應該早就一蹶不振了，然而他卻選擇了面對和突破，甚至於他利用賽馬把所有人不看好的一匹不起眼的小馬，訓練成舉世皆知的勝利馬，這段時間他影響了整個美國的人心，對於他這種愈挫愈勇的精神，可說是深植於每個人的心中。此後為了紀念他的愛子，還特別創立了一所醫院。當他面對窘境的困頓人生，卻還能夠屹立不搖地打造另外人生的勝利盃，是值得讚嘆的。

同樣地，泰瑞莎修女卓越的一生當中，有段時期為了堅持自己的救世理念，也讓我覺得很值得成為現代人勵世的模範。泰瑞莎是馬其頓人，後來由於自己的工作理念，大半生都是在印度度過，她在二十七歲的時候，本來是在一所教會的學校裡面當老師，那個區域是處於貧民區，所以她幾乎觸目所及，所看到的都是衣不蔽體和骨瘦如柴的印度貧民，她最常做的事情就是經常不顧校規，偷跑出去把她所擁有的食物分給當地的老百姓。依照天主教的規定，她是一位清修的修女，一輩子是永遠不能離開修道院，但是她為了要幫助貧民的生活和健康，她不惜和院長起衝突，雖然院長不斷地阻撓她，她通過層層關卡，向梵蒂岡總部申請，希望能夠成為一名不受限制的修女，最後獲得了讚許，讓她能夠施展她人溺己溺的愛民志向。她的善舉引起了很多媒體的關注，紛紛想要採訪她，她始終極力地拒絕，甚至於到她要往生之前，也不斷地交代她旁邊服侍的修女，要記得把和她相關的所有信件銷毀掉，這種態度就如同她經常對身邊人所講的：「**人要謙卑，要用偉大的愛去做人世間平凡的事情。**」所以在五〇年代，泰瑞莎創建了傳教會，這個組織是專門在幫助患有痲瘋病和結核病的機構，還幫忙許多無家可歸的兒童成立孤兒院、學校，這個機構在泰瑞莎的奔走和經營之下，遍布在全世界一百三十幾個國家，而服務的修女人數多達近五千人，雖然她所創立的醫療中心一直都有著毀譽參半的評價，但始終不會影響她繼續幫助世人的態度以及不斷地在全世界散播她的慈愛理念。在一九七九年還曾經獲得諾貝爾和平獎，她死後，天主教會特別在二〇一六年的九月四日為她追封封聖，這對泰瑞莎來說實在是實至名歸的一件事。

因此對於現代人來說，當你正處於悲傷沮喪或正遭遇到人生許多悲慘不幸的經歷時，你的態度不應該是懷憂、自暴自棄，而是應該去關注在你的生命中是否有被你遺失掉的某些關鍵訊息，再加上**正面的思想和永不放棄的鬥志，自然就會形成一股無法抵擋的療癒能量。**

生命最無奈的嘆息便是放棄，以及對自我失去了熱情，很多人並沒有努力到最後一刻就選擇了逃避，這對生命是很不尊重的一個態度，人生一世，都應該學習蝴蝶，蝴蝶是昆蟲界生命極短促的代表，可是在牠迅速的一生中，那種熱烈舞動彩翼的神姿，真的值得讓人激賞。

先不要管牠是如何經歷潛伏和等待這羽化的辛苦過程，重要是牠不會因為牠短暫的一生，必須去放棄自己努力的歷程。

古代的詩仙——李白在街上溜達時，無意間碰到了一位老太婆，手裡一支如大拇指般粗的鐵條，對著磚塊不斷摩擦擦拭著，發出沙沙沙的聲響，這引起了李白的好奇，就走近問了這位老太婆：「老婆婆，您這是在做什麼啊？」老太婆回答說：「我要把它磨成針，好用來縫繡衣服。」年少的李白覺得很奇怪，這麼粗的鐵條，怎麼可能變成細小的繡花針呢？於是便又問老太婆說：「這鐵條這麼粗，您年紀又這麼大，這要到哪年哪月才能變成一根針啊？」老太太就問這李白：「小夥子，你讀書應該讀過滴水穿石、愚公移山的故事吧！所以要把這個鐵條變成繡花針，並不難啊！」直白的李白聽了這老太太的說詞之後，他也不顧老太婆的難堪，直接就跟她講：「但是您已經是年紀一把的人了，這不是更困難了嗎？」老太太搖搖頭笑笑地說：「只要我願意，我的堅持和我下的功夫，天底下沒有我做不到的事情。」這雖然是小小的一件啟示，但對於年少的李白，卻成了他做學問堅持不懈怠的態度，也因為如此，才能奠定他在中國詩壇上面的地位。

一個人成就與否，毅力和堅持是不可或缺的條件，記得孟子也曾經引用挖井來比喻一個成功人士最後功成名就的主要條件，挖井就要堅持見到泉水噴湧為止，片刻不能停歇，否則就功虧一簣，永遠無法造福鄉里，使人汲水止渴。成大事的人，哪怕是在日常生活上的戲言，一但他答應了，就永不放手，就如同柏拉圖聽從了蘇格拉底上課時所講的一件開玩笑的話，剛開始的一個月，大多數的人還可以勉強支撐，過了一個年後，全部的學生當中，只剩下一個人天天都有按照蘇格拉底所要求的動作，重複反覆地做了一年，這個人便是日後名揚四海的柏拉圖。小鳥和巨蟒是不成比例的兩種動物，小鳥不畏懼地用牠細小的長頸尖嘴，不斷地趁著巨蟒不注意時，使盡全力反覆啄擊著巨蟒同一個部位，當這個動作反覆攻擊了數百次之後，這條巨蟒最後也整個癱瘓。這個故事就是告訴我們，**只要你堅持和有毅力，即便是條件懸**

殊的蛇和小鳥，最終不管那隻巨蟒如何地死命反撲，終究還是敗在小鳥的堅持。因此，一個人能否立身處世受人尊敬地在社會上，完全取決於他做事情的態度。

20

成功的竅訣在於堅持

二十一世紀的黑死病將不再是只有癌症，癌症如果發現得早，處理得好，存活率是極高的，但現在和未來的世紀中，人類最大的病敵將是比癌症更頑固的身心靈疾病，它的範圍也不再只是憂鬱、焦慮、恐慌和精神官能的疾病而已。精神疾病統計手冊之中有大約分類，精神心理方面的種類就有四百多種，這其中還不包括人格行為特質障礙，如果再加上個人心理負面特質所引發出來的細類，那就更多。追究其基本病因，離不開遺傳、幼小原生家庭的塑形因果關係，以及出社會後內在和外境互相衝擊之下所增生的因素，當然有些是屬於自發性的因子，來自於父母或隔代遺傳。有些理論上也有因大腦或其他腦部萎縮所引發的病因，而造成人格和精神上的傷害。如果要仔細去研究和歸納，每一種心理精神疾病都有其形成主因和發展史，這就不在我們現在要討論的範圍之內。

現代人有極多精神苦悶和長期精神耗弱之下引發出來的許多和焦慮、憂鬱相關的併發症，這形成了社會未來極大的潛在問題。人類如果在這個世紀無法及時地給予現代人精神苦悶和自我心理救贖療癒的指引方向，那人與人之間將會發生許多顛覆道德倫理、罔顧人倫所引發的種種難以預料的事件。這應該是我們這一代人所應該共同注意的，社會的資源也應該儘量要往這裡深切思考，必須教育民眾往正量、正向、開敞的目標去調整，這才是正確的方針。多鋪陳、揭櫫、揭曉歷史上或現代奮發向上許多成功人士的真實事蹟，以此鼓舞和提升社會風氣，讓有精神負面傾向的人有可以奉行的圭臬和邁開的坦途，否則真不知道這世界上還要發生多少的恐怖事件，或因心理疾病發作之下，對大眾鑄下了無法彌補和挽回的悲劇。

在美國經濟最拮据、最谷底的時段，大約在一九五二年，猶他州有一家肯德基炸雞店拿到了特許營業權，從此「肯德基」這個招牌即迅速地成為美國人文上奮發成功的典型故事，從剛開始的本店漸次擴展到國際連鎖經營的策略，在全世界擁有近兩萬家的分店，版圖之大，令人不禁對其創始者感到好奇。創始者桑德斯是一位印第安那州的居民，因為從小父親就過世，母親要很辛苦地到處打工，才能維持家中一切的用度與開銷，他必須在母親外出工作的時候身兼母職，照顧他的弟妹，所以他從六七歲起就必須要懂得做一切的家事。這樣子的日子持續到了十二歲時，母親遇到了一個男人，最後舉家跟隨他，但他不是一個好的繼父，經常會痛毆他和弟妹們，因此他離開了家庭，開始了他奮鬥的神奇生命之旅。十四歲之後他就再也沒有求學了，後來他覺得實在是沒有辦法生活下去了，那個時候參軍是窮苦人唯一可以得到溫飽的途徑，但一直被命運之神作弄的他卻無法穩固地捧著這飯碗，過沒多久，他因故被解雇。生命中唯一情竇初開看上的老婆，沒想到婚後不到半年，這枕邊人把他所有的家當席捲一空，他極度地悲愴不能自已，但卻也無奈地為了養活自己到處打工，曾經嘗試做過各類的工人，但卻沒有一樣是順心如意的。一般而言，人生到了而立之年，總是會享有一份穩定的工作和收入，但是他從三十歲開始，一直到接近五十歲，幾乎什麼倒楣的事情都碰上了，和老闆鬧翻更是經常有的事，在法庭上，他甚至就在眾目睽睽之下與律師事務所的人直接翻臉，這令在場所有人目瞪口呆，甚至於他連開車都曾遇過整座大橋斷裂，因而連人帶車翻滾到海裡，差一點淹死的倒楣事，到了後來他好不容易經營了一家小型的加油站，卻又和別人起了衝突，傷害了他人。原以為可以白頭偕老的第二段婚姻，誰知天不從人願，這個老婆最後還是和他以離異收場。已經過了花甲之年，他還是沒有穩定的收入，甚至倒楣到政府因為要徵地，而把他唯一賴以生計，生意才剛開始的炸雞店給拆了……，他這一生可以說從出生到他八十七歲之前，幾乎都是在是非不平靜、衝突矛盾的生活中渡過，但他成功的祕訣就在於他曾經對其員工說過：**「就算我這一生失敗了一千回，但只要讓我成功一次，我的人生就夠本。」**因為這個哲學和態度，到了他八十八歲的時候，他成功地讓全世界都知道「肯德基」這個名號。

仔細觀察，這個世界上可敬的人都曾經一度淪為可憐之人，同樣地，天底下足以令人鄙惡的人，其實常常找不到有任何可惜之處，就如同我常講的，可憐之人必有可惡之處，**一個人能否坦然無懼地生存在這個世界上，最重要的就在於尊重自己的原則和堅持，這就是堅持所帶來的力量，**端賴於他對生命積極和熱忱的態度有多少。千萬不要小看積極這件事情，大多數的人一件事情如果超過三次還做不好，多半會選擇放棄，這個就不是積極的人生觀，反而是一種消極的處世態度。一個人的魅力和成功，積極是重要的因素，一個人只要積極，天下沒有完成不了的事物，包含人與人之間的相處。當日陳璧君為了要感動汪精衛，在冰寒地凍之下，每天在固定的時間去送茶湯點心之類，起先都被汪所拒，某日冰雪紛飛的早晨，汪起床後看到門前杵立著一個雪人，從此便刮目相看，之後步入禮堂。羅家倫雖然貌不驚人，個子也極嬌小，但他為了追求心中喜歡的對象，幾乎是全世界用信追著她跑，總共經過了九年的時間，最後贏得美人歸。同樣地，法國的英雄——拿破崙一生偉績無數，雖然曾經講過：「大丈夫、大英雄者，當可以令一百個美女在其胳臂上婆娑起舞的氣派。」話雖如此，但其一生鍾情的唯有約瑟芬，即便是臨終前在呢喃睡夢中呼喚的還是她的名字。寄予天下有情人，若有鍾情之對象，無論其身家地位如何，應提起決心和勇氣，不達目的，絕不放棄，這才是真正的積極和精誠所至的表現。

一個人真正獲得最大的肯定和獎勵，便是把自己心中理想的藍圖轉變成為一種積極的行動，就如同整戈待發的戰士，有必勝的決心，也需要有像墾荒和探險者的勇氣，再加上自己積極樂觀、奮發的態度，天底下哪裡有拿不到的獎盃、奪不到的江山和攀不上的峭壁？

21

自己的天梯自己打造

學生時代因為喜歡讀覽《三國》、《水滸》，經常很訝異於那個年代大小諸侯國之間，為了擴張領土，打仗時居然懂得使用易燃物和爆炸物捆綁成團，再運用化學原理燃動了火線之後，令這一團火球衝射到極遠的地方，一下子就炸死很多人。在東漢時期的黃巾義士，以及當時的曹魏、蜀國和東吳，曹操、關雲長、劉備、諸葛亮、張飛等等人物故事中，為了爭奪城池，運用各式各樣不同的武器，使用於攻伐戰略之中，時有看到屬於日後現代人所謂與火箭相似的武器。

到了中國的北宋，由於前人的經驗，戰爭的武器日新月異地發展，在每個朝代的戰爭中，都注意到了爆破性、速度、攻擊力，其中最威猛的莫過於火器、炮、箭。中國的軍事武器史上，北宋是一個不可忽略的年代，包括大破西夏等多次的戰役中，所使用的就是火器、炮、箭。雖然宋神宗英年早逝，沒能於在位期間看到他的功績成果，但是他的後代——宋哲宗也還算堪受大任，把神宗的任務漸次完成。當時所使用的火器主要是靠弓弩的拉張速度，加上拋石器的彈力，作為攻擊和爆破的用途。

現代的火箭是運用反作用力增加速度所產生的產物，這套原理到了十七八世紀，在國際上不同的戰役中，很多都是使用火箭而得到勝利。也許這樣子的一種技術引發了歐洲日後大量的科學家、軍事學家研發火箭，乃至於所有的航空原理也都是導源於此。在現代化的實戰中，陸續研究出更精確的導射系統，它的命中率更是到達了百分之百，其中飛彈便是一個例子。

科學的基礎和動力是來自於幻想及創意，十九世紀末，歐洲出了多位科幻的小說家，他們突發奇想的一些構思，竟然引起了許多的科學家對於飛行、航空等技術有了另外一個新的里程碑，因此許許多多的發明和理論，都是在十九世紀後，陸陸續續地被發展出來。其中影響現代航空宇宙論最重要的一位人物，是蘇俄的一位數學家齊奧爾科夫斯基，原本是在一所高中裡面教數學的他，運用數學的計算法則，研究出特有的理論，建議用液氫和液氧改善火箭的推動力，這在當時是史無前例。同時，這段期間他也發表了論文和觀點，在論文中他特別提到了噴氣工具作為原動力的概念，這種概念其實在中國古代早就有了，漸漸地發展成為了現在的火箭。

齊奧爾科夫斯基終其一生寫了很多科幻的小說，更多是貢獻於研究宇宙論和航空、太空的理論，令人驚訝的是，這一位航空之父竟然是一位完全聽不到的重度殘疾人士。十歲的時候不幸得了猩紅熱，從此以後他就完全聽不到周遭一切的聲音，父親對他極度地愧疚，每次和他溝通也只能很無奈地在白紙上傾聽兒子的心聲。雖然家裡有七個小孩，但是父親對這位特立獨行的兒子有著另外的一分心思，他發覺到他有別於一般兒童的特質，那就是很喜歡靜默地思考和天馬行空的想像力，最後父親滿足了他的要求，把他送往莫斯科。

齊奧爾科夫斯基來到莫斯科唯一的理由，是為了滿足他的求知欲和研究太空理論，因為莫斯科有著汗牛充棟來自全世界最新的書籍和相關的資料可以供他研覽，後來連圖書館裡面所有的員工都被他好學的精神而感動。其中一位管理員幫他打理了所有一切的基礎教育，例如數學、物理學、天文學等，他為了要快速地了解所有的學術原理，幾乎每天只用少許的時間睡覺，家境不富裕的經濟來源，也只能資助他每個月極微薄的盧布，除了一天只能可憐地吃點簡單的麵包之外，他再也無力購買任何的物品，所以他的學識和知識就是在這樣子艱困的環境中，點點滴滴儲備起來。

他回到了家鄉之後，除了當一名省吃儉用的數學教師之外，幾乎用了二十年的時間研究和所有推動力相關及飛行系列的理論，其間從未間斷過，最後他寫出了影響這個世紀極大的一篇論文——《利用反作用力設施探索宇宙空間》。這個理論震撼了整個航空界，同時也成為科學家們研究時必備的基礎理論材料。同時他又花了二十年的時間，寫下了一部歐洲曠世科幻巨著——《在地球之外》。實踐了幼年時開始的想像及幻夢，他認為利用火箭的原理，可以在沒有任何空氣的虛空中任意翱翔。由於他一生的努力，他的理論印證了用火箭原理製造衛星和發展宇宙航空，對於這個世界的航太技術有了突破性的發展。這位殘而不廢的老人在一九三五年逝世，當時全世界所有的科學家紛紛寄上追悼文。蘇俄的領導人——史達林對他是極度地尊崇，認定他是蘇聯最傑出的英雄，目前蘇俄科學院還特別設立齊奧爾科夫斯基金質獎章，來表揚在航太領域傑出貢獻的人，及以他的名字命名的航太博物館，並且塑造他的銅像。

在這個社會中充滿著許多四肢健全，但卻茫然不知人生方向的群眾，這和如齊奧爾科夫斯基一樣雖然身心有著殘疾，但卻為了追求生命的真理，不斷地努力不懈，只為了可以幫助這個世界更美好、更進步、更卓越的人們是截然不同的。人浮於世，最重要的是要尊重自己內心的想法，並且堅持自己的想法，一旦堅持之後，就**要承受在最寂寞、最無助的時候，也不能放棄。一切的讚譽和毀損，都無置於心，只一味地遵循自己所堅持的道路，自然而然就會為自己打造出最有價值的天梯。**

22

不敗的病菌學家

在最近三十年之中，地球上發生了兩件相當嚴重的事故，而這事故都和核能爆炸和輻射釋放相關。一次是位於烏克蘭的車諾比，在一九八六年的四月二十六日，這一次的爆炸可以說是極嚴重的事件，因為它所放射出來的輻射量超過二次世界大戰投在廣島和長崎的原子彈輻射量的四百倍。這是相當嚴重的一件事情，同時它的輻射塵還間接地影響到周圍廣大的範圍，極多數的人因為這件事件而流離失所，最重要的是到目前為止，俄羅斯、烏克蘭和白俄羅斯還在處理著當年輻射事件所引發的後遺症。

二〇一一年的三月十一日日本宮城縣發生一起大地震，因為地震的緣故引發了海嘯，海嘯的效應衝擊福島上的核電廠，造成了鍋爐毀損，導致輻射整個釋放出來，這事件引起世界各地的關注。事情已經過了這麼多年，凡是由福島和周邊各個區域所生產出來的食品，都嚴重被各國所管制。福島是從十九世紀才被逐漸開發的一個小縣，這地方原本是養蠶業很發達的一個小島，後來由於鐵路的開發及高速公路的接通才逐漸繁榮起來。這個地區雖然是一個小島，但歷史上也出了不少傑出的人才，無論是學者、專家、詩人或畫家，例如曾經當過眾議院議長的河野廣中、曾經當過宮內大臣的松平恆雄，以及擔任過司法大臣的鈴木義男，還有曾經代理過內閣總理的伊東正義……。但是我認為如果要問福島縣的居民這個地區最具有影響性的人物會是誰？他們一定會異口同聲說是野口英世。

我也是因為受邀到日本演說，日本的學生幫我兌換日幣的時候，在千元大鈔上才赫然發現鈔票上的人頭原來就是野口英世。這位被稱做日本國寶的世界名醫，關於他奮鬥的一生，在日本也曾被拍成影片介紹過，很多文化界和教育界都用他的生平激勵著日本的下一代。在日本人的印象中，他幾乎從小就被命運操弄著，一次家人的疏忽，在還不懂事的時候，他的手因故被火重度灼傷，導致五個手指都黏成一團。年幼的同學因不懂事，經常霸凌他或恥笑他，但是他並沒有因此而產生自卑或逃避群眾，反而把恥辱當成向上的激勵來源，所以他的成績總是名列前茅，深受校中師長的喜愛。

因為一隻手傷殘實在是極度地不方便，但是因為家中貧窮，也沒有能力幫他施做手術，在學校師生的鼎力相助下，為他湊足了手術的費用，再加上碰到了極有愛心的渡部鼎醫師的治療，由於一段時間的相處，他受到渡部鼎醫生對待病人的愛心與耐心極大的啟發，他在年幼的心靈下，便立下了要用自己的一生獻給醫學研究，也希望自己日後可以幫助到更多的人。這一次的手術雖然是成功的，但是手術的費用比原先所籌措的預算還要高出許多，於是野口英世和醫師商量，希望可以讓他在醫院裡一邊打工，一邊把不足的部分償還。在那三年當中，他不眠不休地工作和學習，每天幾乎睡不滿三個小時，這個態度感動了另外一位醫師，在他的生命前半期，他的小學老師和拯救他的渡邊醫生，可以說是他生命中最重要的貴人。

野口英世常常勉勵一些後進說道：「我的人生研究的道路其實是從渡邊醫生贈送我的十塊錢，和我小學老師把他家用的半個月收入贈送給我，這重重地鼓勵了我一定要努力向前，不能辜負他們和我的家人。」

野口英世到了繁華的大都市以後，也曾經一度迷失過，甚至於因為沒有工作，還要靠借貸過活，也曾經因為自己的發展停頓不前，自暴自棄了一段時間，天天以酒澆愁。後來自己深深地悔恨不該如此，讓對他有期待的群眾失望，於是他就在最短的時間之內取得了醫師資格。但是因為沒有任何的資金作後盾，他無法開業行醫。後來因為血脇醫師的幫忙，讓他進入一個雜誌社從事編輯的工作，這段期間表現堪稱優異，甚至於可以用不同國家的語言翻譯不同的醫學文章，得到了各方的讚賞與肯定，但是命運之神還是沒有眷顧到他，生活依然很困頓，他認為如果要做研究，非得要到西方國家，但因為經濟困窘無法成行，為此他也曾一度沮喪到極點。血脇醫師為了不想埋沒和斷送這一位年輕人的前途，雖然他的經濟也不是很寬裕，可是為了要栽培這位有志向的年輕人，他私底下厚著臉皮去跟他人借高利貸，來滿足了野口英世的西方求學之旅。

野口英世到了美國之後，生活雖然清貧，但是卻過得很愉悅，無論是在做研究的環境上和學習的對象上，都有了嶄新的突破。他追隨在醫學研究體系上當時炙手可熱的一位博士——西蒙博士，先在賓州大學當他的研究助手，由於西蒙博士的無私教導，和他個人努力研究學習的態度，他就在每個月僅有八塊錢薪資的情況下，孜孜不倦地發現了他生平的第一件大事，那就是因為研究毒蛇而有了新突破，也得到許多單位的認同，野口英世在這一次研究成果發表之後引起了各方的關注，從此一舉成名。由於野口對血清這個領域極度用心，使得醫學界對他的研究報告都極為關注，也因此讓所有的人都認定他在醫學上的地位。在這段時間當中，他對他的人生完成了幾件一般人所無法做到的事情，他獲得獎學金，也到哥本哈根研究更深入的血清資訊，完成之後受洛克斐勒研究所之邀，負責一個研究部門，這是野口英世在研究生涯當中最頂峰的時期。他已經不是昔日的阿蒙，而是舉世聞名的醫學界聞人，特別是他對梅毒和性病的研究及發現，使得他經常得到全世界宣導和演講，讓世人懂得如何正確地珍惜自己的生命，和提供給醫療界突破性的文獻報告，同時長時間對菌體的培養和研究，讓他也得到了極高的成就。

野口在他五十年左右極短促的一生中，用堅強的毅力和不變的生命原則燃燒自己，替這個世界上留下了許多珍貴的經驗和寶貴的資料。

讓他最受肯定的，是對細菌學高度的見解和文獻，後來因為他潛心研究黃熱病，也得到了黃熱病，但他並沒有因此而沮喪，直到他離開這個世上，他所有的意念和思潮也都是在黃熱病所有的思考上。

曾經一位長者在聊天中向我提及他的人生經驗，他說：「這個世上苦難遭遇愈多的人，便會愈堅強。一個人的力量主要是來自於顛撲不破，和如砲彈般的衝勁。」曾幾何時，自己也在人生的浪尖上翻滾了無數回，漸漸地體會到所言甚是。同時，我個人認為大多數成功的人還有一個很重要的信念，那便是要有愈挫愈勇、屢敗屢戰的決心和意志力。**當一個人在跌倒和起身之間，其實就是催促自己攀向高峰最重要的動作。人的出生不是重點，改變和創造自己的命運，才是生命的定位。**很多人總是把自己的弱勢當作藉口，也合理化自己，讓自己的心裡舒坦一些，其實這都不是面對自己的正確態度。在求學的過程裡，一次曾聽到國文老師所比喻的一個寓言啟示，大意是在說一個原本貧窮的人，好不容易賺到了一雙漂亮的鞋子，結果被小偷偷走了，他悶悶不樂了好幾天，最後他從家裡的窗外看到了一個少了兩條小腿的人坐在板凳上很辛苦，舉步維艱、進退趑趄地慢慢爬行，可是他的臉上卻顯露出十足的滿足與自信的表情，完全無視於周邊人對他的眼神，這時候，他釋懷了，因為最起碼他還擁有了兩條腿。

著名的心理學家曾經對人類的意志做了分析及研究，後來發現那些歷史上不敗的靈魂，主要都來自於有過人的信念以及不敗的決心，加上自己不間斷的努力和恆久不變的耐力，最後透過這幾個條件，幾乎都是簇擁他們攀上人群金字塔頂端的必勝要素。透過許多機會和不少人攀談的結果，發現現代人幾乎都沒有能力和自己對談，當然，就更談不上在失敗的時候如何去鼓勵自己。

因此學習獎勵激發自己內心的潛能和自性是極其重要的，人要適時地給予自己空間和機會，自信心比較薄弱的人一開始更要暗示自己，每個人都有失敗的可能性，因此要有必敗的準備，最後從小的成功案例中，建立起自信心。對於那些自信心過度的人，更應該要放慢自己的腳步，審時酌勢，再三確認方向是否有偏差，或者是自我的感覺良好，然後才放膽地行事，這樣子可以避免在挫敗中喪失了原有的自信心。另外，要很清楚本身的優缺點，因為這是決定如何避拙和取勝重要的原因。所以如何補強自己的天生弱點，表現出自己與生俱有的長處，也是減少自己在奮鬥的過程中失敗的重要一環。心裡的態度是決定自己在他人心中的高度極關鍵的微妙竅訣，不能不重視它。

愛情這件事情是沒有時空差距的，有的只是真誠與付出，重要的是互諒與同理，更重要的是必須建立在道德規範下，而且不會影響到視聽，這才是真正正向的感情生活。

愛其所愛

23

力量總在失戀處

由於從小就喜歡閱讀，後來發覺，喜歡閱讀的原因除了想知道書本裡面的人物和曲折的內容之外，也喜歡那形形色色不同書本的封面設計。無論是穿針引線的線裝書，或色彩繽紛鮮豔的漫畫書，以及成套的推理小說或文學雜誌等等。尤其是到了一些有著大量藏書的人家中，一進屋子就被那股沁鼻的書香味給吸引住，深深地陶醉了我，隨即，一骨碌地坐在人家書屋中不走啦！

國中一年級的時候，我經常去的就是小姨媽的家，那時姨丈還在學校裡教書，我常常喜歡去她家中找我沒看過的書。那回東門地區剛好有年節的宴客，那是台灣早期傳統社會下地區性的年會，家家戶戶都會有宴客，我隨著母親去姨媽家大快朵頤，後來從表弟的房間看到了幾本散放著的書籍，我便順手拿了一本書翻看著，這本書叫做《少年維特的煩惱》。當時我也正值不識愁滋味的慘綠少年時期，那些年，對於外國翻譯的故事和文學作品也正喜愛多讀多看。站在那邊翻著翻著，便對作者在本書當中高度的布局，和把自己的遭遇融入於書中與角色互換的處理手法極為欣賞，於是就把這本書借回家讀閱。

《少年維特的煩惱》作者是德國的大文豪歌德，這本著作幾乎是讓他一夜之間成為家喻戶曉的成名作品，所以被翻譯成多國文字。歌德流傳於世除了《少年維特的煩惱》之外，便是《浮士德》。歌德由於出生於優渥的環境之中無憂無慮，他的父親是議會裡面的組員，母親的娘家也是出生極為尊貴的政治家庭，外祖父曾經當過市長。因此少年時期的歌德是在很豪華而又舒適的環境中成長。

歌德成長的年代在歐洲經常會有瘟疫和天花流傳著，很多人都被這時代的黑死病奪走了生命，他家中原本的幾位兄弟姊妹也都因此早逝，連歌德自己後來也感染到天花，差一點讓他離開這個人世間，但最後卻奇蹟似地存活下來。由於環境的關係，父母親很注意他成長期間的教育，為了讓他的身體抵抗力增強，還找了專門的騎師教他騎馬，也找了西洋劍術技擊的教練教他如何使用劍和技巧。

另外，他的父母也注意到歌德是一位喜歡沉思的小孩，怕他整天沉醉於自己的幻想世界裡，乾脆也找了家庭教師指導他文學方面的閱讀和創作，所以他在十四歲時，便和當時許多的詩社常有往來。他最喜歡的是荷馬，但當時所有的詩人文人都告訴他，這世上究竟有沒有荷馬這個人的存在，從過去到現在一直是個謎，但歌德在意的並不是荷馬存在與否，而是荷馬史詩裡面所帶給他種種的啟發與鼓舞，因為這些史詩帶給他從未有過的歡愉，只要一有空，他就會拿出來朗讀，這在他年少的心靈上奠定了日後對於詩作和戲劇的導引。

稍長以後，他追隨了當時有名的作家——蓋勒特，他喜歡他獨特的詩風，也仿效他的風格，陸陸續續發表了一些他個人的著作，但是這些著作並不是很成熟的作品，一個偉大作家的出世，通常都要結合戲劇般悲愴的愛情故事，以及慘痛的歲月痕跡，這些才能刺激獨特的靈感。由於歌德纖細的神經和善感的情緒，致使其一生當中，雖有著為數不多的愛情，但以他浪漫的個性，常有著現實與想像背離的狀態，就如同他早先經歷過和凱特馨那段戲劇般的愛情，也令他創作了為數不少的詩集。

歌德習慣性地吐血也是讓他極為憂鬱的一個原因，甚至於因為吐血症讓他在創作和學習上經常有停輟下來的困擾，幸好他家中有很慈祥的母親和與他感情甚篤的妹妹，所以當他在身體不適的時候，她們總是會日夜照料著他，直到他痊癒為止。父親由於出身法學淵源，因此在自己本身不得志的狀態下，就把所有的希望寄託在歌德身上。所以歌德也曾經在當時的最高法院裡面學習過，在這段時間他結識了夏綠蒂，這也是他一生當中最令他肝腸寸斷的一段戀情。

歌德一生中由於個性的關係，曾經經歷過幾次不同的感情經驗，從少女情懷的十七歲戀情，到比他大的有夫之婦，他都曾經和她們如火如荼地熱戀過。其中和夏綠蒂的戀情可說是讓歌德嘗盡折磨之苦，由於他愛上的是有夫之婦，因此無法和一般熱戀中的男女一般整天廝守在一起，再加上他在法院上班，基於這是一份很嚴肅的工作，因此他的舉止行為也都必須有一定的約束力。所以他和夏綠蒂彼此之間雖然都有著心照不宣、微妙而又冒險刺激的不倫感，但常常迫於現實又不能公開化地與夏綠蒂有著眉目傳情和十指緊扣的關係，因此歌德的心經常是寒冷的。夏綠蒂的一舉一動都足以讓歌德在夜裡輾轉難眠。再加上歌德是一位性情中人、善感的多情男子，不但是對女性如此，對身旁的同性友人也是至性至情，由於夏綠蒂是他好朋友的未婚妻，他明知不可為，但前世的情緣牽扯讓他無法斬斷與夏綠蒂之間複雜的感情。如果要和這個世界上其他的公眾人物相比，歌德和夏綠蒂之間是屬於悲劇型的收場。

眾所皆知，在中國曾經紅紅火火折騰過一番的詩壇浪子徐志摩，也曾經不清不楚地和梁啟超的兒媳——林徽因一度成為眾矢之的，旁人會替梁思成抱不平，但是梁思成的大家風範和氣度，相形之下徐志摩倒像是一個躲在陰暗處的老鼠。林徽因這位在二十世紀初很受爭議性的名女人，集眾多目光和寵愛於一身，又處於濁浪濤濤的中西文化衝突中，養成了她不讓鬚眉、叛逆但又纖細的個性，至今金岳霖、林徽因和梁思成三人之間的關係一直還是人們閒談的話題。

當年由於徐志摩的緣故，讓金岳霖成為了梁思成家裡的座上客，沒想到金岳霖豐富的才學和幽默的談吐，以及特殊的氣質深深地吸引住已經嫁為人婦的林徽因，而在金岳霖這邊早就從旁人耳中聽述了許許多多關於林徽因的種種，再加上有機會私下相處，林徽因成了金岳霖一生中揮之不去的掛念。金岳霖的闖入，最後甚至於令林徽因無法控制自己，直接向梁思成說：「我很苦惱，因為我現在愛上了兩個男人，我應該怎麼辦？」梁聽了以後當然極為矛盾，但最後他告訴他的愛妻：「如果妳愛的是金岳霖，我願你們永遠幸福快樂。」這段話林徽因原封不動地告訴了金岳霖，金岳霖聽了以後極為動容和慚愧，他對林徽因說：「他才是真正愛妳的男人，我不應該傷害他，我應該要退出。」就這樣從此三個人從從容容、心無芥蒂，終生成為好朋友。這個例子顯然是一個特例。

歌德和夏綠蒂的故事就沒有那麼樂觀，他面對的同樣是摯友的未婚妻，而這位女人對他也有感情，他徘徊在三人之間，這種日子令他極為痛苦難耐。這段時間他經常想一死了之，幾經折磨矛盾拉扯之後，他決定不要成為一位多疑的第三者。雖然他非常地痛苦，但是他還是滿心誠摯地送給女方很精美的一只戒指，祝福他們兩位新人白首偕老。

雖然歌德成了失戀的一方，但是也正因為如此，他把所有的情緒煮化成動人的字句。漸漸地，悲觀的情緒消退了，他想要自殺的念頭也消失了，反而把蘊藏在他心底無法排遣的痛苦、絕望與悲傷轉化成為打動人心的字句，於是用極短的時間快速地寫完了《少年維特的煩惱》。當初他僅是想用轉移發洩方式——藉由文字的洗滌，蕩去心中所受到的傷痛，讓心有個所依之處，但沒想到他這股悲傷的力量一問世之後舉世譁然，歌德在一夕之間成為家喻戶曉的人物，這本書後來也成為了歷久不衰的暢銷書，奠定了歌德在文壇上不朽的地位。

我認識一位白髮斑斑、雪鬢霜鬟的老先生，幾年前才過世，走的時候九十五歲，在我認識他的十多年中，有一次向我透露了影響他一生最深的一件往事，這事情教他學會了如何寬恕。年輕時他有一位青梅竹馬的女友，從小兩人就被雙方父母指腹為婚，兩人度過了十幾年的只羨鴛鴦的生活，只要不上學，兩人幾乎都是耳鬢相磨地相處在一起，有時采蘭贈藥、相知相惜，有時京兆畫眉、憐我憐卿，說不完的情話，道不盡的甜言蜜語。事情就發生在這女生到省城讀大學結識了一位著名的畫家，從此以後沒有了魚雁往返的書信，年節假期女方也漸漸地少回家鄉，最後鴻斷魚沉一般，金瓶落井。用盡一切方法，女方總有理由搪塞，他無數次地到了女方的宿舍尋找，先是冷漠地回應，最後避不見面。這給了他很大的打擊和傷痛，從那時起，他完全變成了另外一個人，經常酗酒，脾氣變得火爆不堪，最後受朋友的影響進入了黑幫，過著刀口舔血的日子，他撩起了上半身的襯衣給我看，果然刀痕斑斑，慘不忍睹，胸口還凹陷了一個傷疤清晰可見的大洞口，他指著胸口的那個傷痕說道：「這是當時荒唐時被幫派修理留下的紀念。」一次因為火拼，他幾乎一命嗚呼，他的老母哭喊著他的名字，告訴他：「你不要因為一段不值得的感情，斷送自己的一生，你要知道你是家裡唯一的命根，有三長兩短的話，當你明白的時候，你會比現在更痛苦，趕快收手吧！人生中還有更重要的事等著你去做。」一老母的一段話，從那次後，他選擇了寬恕和原諒女方，也斷絕了和黑幫所有的關係，閉門苦讀，最後不但完成了大學學業，還爭取了公費留學。這在當時是一件非常光耀門楣的事情，他說出國時，村莊大半的人都來送他。他年邁時回憶起這件事情，說道：「現在回想年少的荒唐，我心中充滿的是對對方的感激，雖然我失足過，但如果沒了人生的這一段經歷，我可能就像一般的老朋友，寂寞地死去，這人生便失去了意義，從這裡我學習到了寬恕一個人所得到的回贈竟然是這麼大！」

24

得來不易的愛情　也是一種力量

世界上雖然把哲學分為兩大系統，但起源都是來自於古希臘。哲學這個名詞也是從古希臘才開始被創造出來的。所以如果能夠體會當初希臘哲人真正的用心，就會了解到，把自己的真愛奉獻給外在世界的人事地物，無私地給予和認真地思辨，唯獨只有透過這樣的專注，所產生出來的思想才是值得重視的。屬於亞里斯多德自然流派，現今仍然活躍於各大學術思想界中自成一格，後來也有少數的學者專家漸漸地發展自己專長的科學，例如：邏輯或形上學等等，以及當代的存在主義和馬克思主義等等。

十八世紀也正是西方哲學思潮最興盛的時代，黑格爾也是在那個世代裡面被孕育出來影響後來西方世界思想家極大的主流之一。他敏感和多元化的思想模式，再加上早期因為和荷爾德林、謝林等人有密切的往來，以及深入地研讀盧梭的著作，使他對於革命的思想有了新的看法。後期由於他有機會涉獵閱讀到當時諸多思想家的著作，例如孟德斯鳩、洛克、盧梭、史賓諾沙……，因此這段時間是他生命思潮中最大的豐收期。

由於他敏銳的思考方式，加上獨特的見解，使他很快地在大學裡獲得了講師的位置，後來因為歌德對他的讚賞和推薦，黑格爾被正式提名為教授，與此同時，他醞釀了一部著作的雛型——《精神現象學》。他的一生中大部分都是以教職為主要工作，最後也成為了柏林大學的校長，他影響後代哲學世界最主要的著作有《精神現象學》、《哲學全書》等作品，受他思想影響很深的有日後也極具聲名的海德格、叔本華等。

黑格爾做夢也沒想到他的思想會深深地影響了比他晚出生四十八年的馬克思，他在波昂大學時期就激烈地對黑格爾的思想產生了莫大的興趣，即便在他後來遭受流放的那一段時間，他也是經常閱讀黑格爾的著作，也成為他在那一段困頓時期，精神上極重要的食糧。由於他日後不斷地鼓舞及參與各類的群眾運動，因此很快地竄起，他主張資本主義和無產階級所引發當時的社會衝突是有矛盾的，正如他所言，最後由工人獲得壓倒性的勝利。馬克思一生中，甚至於死後，都被認定是在這個世界上有人類以來，影響世界最大的主源。

許多人一定會好奇於這些影響世界思潮如此深遠的重要人物，究竟背後有著什麼樣的巨大力量推動著他影響了千千萬萬的人。當馬克思好不容易拿到了博士學位，他第一個想到的就是——用文憑當作條件，去說服他心目中最鍾愛女士的家庭，因為他的愛人是出生於當時赫赫有名的傳統貴族。儘管馬克思蓋天鋪地的才氣，一開始就深深地震撼住燕妮女士，但是由於身分地位的懸殊，這一對愛侶始終不能順利地交往，燕妮總是背著父母偷偷地私會馬克思，並且經常地支持馬克思，鼓舞馬克思，因此在馬克思的生命中，她成了最重要的第一人。就這樣默默地交往七年，而這一位女人也無怨無悔地守候著他的成功，一直沒有再給任何一個男人機會，這段時間裡，他們的默契真的就是靠著彼此的靈魂互相牽引，雖然兩人沒有辦法耳鬢廝磨、朝夕地相處，但透過他人偶爾捎來燕妮的隻字片語，就足以療癒和鼓舞馬克思。從讀書時期，兩人因為互相地鍾愛到私定終身，以及日後突破了層層的困難，兩人結了婚，但現實的生活逼迫著馬克思常常面臨到捉襟見肘、阮囊羞澀、環境窘迫的狀況，燕妮不顧自己出自於名門貴族，在沒有錢請人照顧小孩的情況下，使得燕妮長期營養失調，再加上親自哺餵母奶，身體健康每況愈下，在這種現實困頓環境之下，要留住小孩，似乎不是一件容易的事，馬克思終其一生總共有六個小孩，但很遺憾地最後只有三個女兒存活於世。一般夫婦遭逢到如此的劇變，有的感情就會產生裂縫，但因為得來不易的愛情，讓燕妮女士更鍾情於馬克思，甚至於幫他整理所有的稿件和對外一切的公關應對，因此馬克思在他太太離世後極長的一段時間裡都無法釋懷，到最後他還是說他無法忘記他的夫人。馬克思極早就交代旁人，他唯一的願望就是死後一定要將他埋葬在愛妻的身旁。

由於我從小就喜歡蒐集古籍，至高中時期，就傾其所能地投注在這上面，想當然也會想了解近代蒐藏家中，有沒有也同樣嗜書成癖的文人雅士，當然翻閱各朝，其實還真不少，但若要說到懂書、愛書又藏書的，近代數百年以來還並非太多，偶然間翻閱讀到了清代一位文學大師——朱彝尊，先是被他的風骨和生平所吸引，接著讀了他的詩詞之後，深深覺得此君乃真性情中人，特別是對感情方面，至情至性，他對於經史子集無有不精，又精篆刻，對於金石情有獨鍾。最特別的是他幾乎走遍大江南北，到處收置古籍，一些名家家中若有藏書，他幾乎都會登門拜訪，傾其所能蒐購，而且有時候是幾十櫃、幾十櫃的書蒐購，自稱所擁有的書超過八萬卷。這以一個文人來說，氣派可說是極大的，但我好奇的是，這樣子的一個七品小官，竟然能夠省吃節用、縮衣節食，只為了購書。另有一事至今仍然令我不解，他居然可以為了鍾情於自己的小姨子，而卻又知道自己的道德和文人的氣節不能斯文掃地，雖然媒妁之言和傳統綱常的定律不可違背，可是雙方明知不可為，卻也不敢違背倫理的枷鎖，只能默默地放在彼此的心中。朱彝尊平時可以優游於典籍，縱情於山水之間，還有子女可以享受天倫之歡，可是對於他的小姨子來講，卻只能因為沮喪和不堪，在妙齡年華時就香消玉殞，這帶給朱彝尊是晴天霹靂的，但他也只能寄情於他的畫作和作品中，去緬懷和追憶。我舉這個例子並沒有離題，主要是時代不斷地變遷，媒體上各種離奇百怪的男女事件，使得現代人對於何謂真正的真愛，似乎已經成了極久遠的名詞。更有些網站甚至於提供了已婚男女也可以尋找伴侶這樣子的園地，更有些自詡為上流社會的人士，組成不同的小圈圈，在進行換妻的行徑，真不知長此下去，社會還有哪些更令人驚世駭俗的行徑會被揭露，這對下一代，是否有負面的影響，也就不得而知了。飲食男女，男歡女愛，自古皆然，但除了情愛之外是否也需要顧及到人與人之間的倫理和品格，這就要看現代人的自由心證。上海時期的王映霞本來是郁達夫的結髮妻，郁達夫為了他的愛妻，幾乎傾盡所能地在杭州幫她建造了一處豪宅，雖然兩人的感情日後有了一些質變，但她和許紹棣之間的曖昧是真是假，至今仍然未有個定論，但最重要者，無論何者，最重要的是愛情和婚姻都必須建立在互信互諒上面，要不然就等於就毀了一段婚姻，也斷送了大好的前程。同樣地，孟小冬和梅蘭芳也是如此，真正的愛情如果建立在尊嚴和面子上，也將註定不會有好的結局。從東方和西方，從過去到現在，**愛情這件事情是沒有時空差距的，有的只是真誠與付出，重要的是互諒與同理，更重要的是必須建立在道德規範下，而且不會影響到視聽，這才是真正正向的感情生活。**

25

是獨上高樓還是衣帶漸寬？

將近有二十年的時間，只要一有空閒，我就會流連關注於國內外的拍賣市場，一方面是因為自己一直都有從事拍賣活動，同時也喜歡蒐藏，再加上也喜歡繪畫和書法，因此對於國際市場上面的繪畫行情也頗為關注。

徐悲鴻也是近代我所景仰的一位大師，他也是中國近代早期到歐洲學習西方繪畫技法的少數人之一。徐悲鴻善於畫馬和裸女，前些時間蘇富比有一場拍賣會，其中有一幅是徐悲鴻大約是在一九二〇年間，描繪一位模特兒橫陳在原野上赤身裸體的一件作品。透過這幅畫上的裸女所呈現出來的膚質和姿態，很清楚就可以看出徐悲鴻留學法國期間，是如何地把中國繪畫功底的細膩結合了西洋油畫材料和色彩的高度運用技巧，所創造出的藝術風格令人嘆為觀止。

許多徐悲鴻的仰慕者經常組團前往他的故居參觀，這是一棟少數民族用磚頭和木頭所建造的傳統房子，空間算是頂大，裡面一應俱全，保存的也極為良好。這座宅院最早是徐悲鴻所租，由於李宗仁十分仰慕他的才華，還特別把這處宅邸購買下來贈與了徐悲鴻。

李宗仁是一位極度喜歡贊助藝術家的藝術愛好者，當年他也曾經鼎力贊助過齊白石。有一段時間，齊白石因為家中食指浩繁，買畫的人又少，一度極為困窘，李宗仁就經常把一些生活必需品和費用專程送往齊白石家。齊白石日後感恩李宗仁對他的恩澤，還特地為李宗仁畫了一幅〈壽桃〉回贈給他。徐悲鴻的故居後來也是因為徐對於碧蓮峰周圍的風土民情及景色極為鍾情，李宗仁知悉後便二話不說地把此地買下來贈與他。這座宅邸在二〇〇三年還有一件頗為感人的活動，那就是徐悲鴻的夫人親自回到了故居，幫徐悲鴻的銅像舉行揭幕典禮，這個活動吸引了大批的徐悲鴻畫迷齊集此處，留下了一段佳話。

徐悲鴻的父親徐達章在宜興一帶早就小有名氣，所繪山水、人物，自有其個人風格，別有一番雅趣，對於詩詞和金石也有極深的涵養，目前仍有不少他的傳世之作流傳。徐悲鴻自小在父親的薰陶之下，對繪畫早就耳濡目染，因此，在那段時間孕育出獨特不磷不緇的特質。我想這對於他日後在畫壇上之所以能夠有德厚流光的影響力，是有極大的關係，而且在往後的歲月中，即便碰到任何的挫折也從沒放棄過所鍾愛的繪畫。

徐悲鴻很年輕的時候就在家鄉擔任教職，沒多久也到上海工作了一段期間，同時進入震旦大學學習法文，但時間並不長。接著他就去日本學習，為時也不是很長。影響徐悲鴻人生最大的一段時間，應該是他在巴黎美術學院學習新的西洋繪畫技巧以及油畫等等的時期。在法國的那段期間，法國的著名大師弗拉孟德給予他高度的手法指導，新時代的畫風令他在視野上有突破性的發展，其中一幅令人極為震撼的〈愚公移山〉便是一例。但是徐悲鴻也沒有因為在充滿西方浪漫色彩的氛圍中，而流失了中國悠久傳統的文人氣派和西方藝術所缺乏的細膩及多變的線條，所以他的畫作在那段期間所呈現出來的幾乎是融合了歐洲浪漫色彩和印象派為主的背景作為題材居多，這在中國近代繪畫史上，能夠綜合各家所長且中西不悖的第一人，對於日後中國的畫家又多了一條新的嘗試和軌跡。

和許多藝術家一般，徐悲鴻的一生和愛情也脫離不了關係，而且都充滿了戲劇和浪漫，他的第一位愛人蔣碧薇其實早有婚配對象，但是因為仰慕徐悲鴻的才情，她不顧一切及社會的批判，很快地便與徐悲鴻私奔到日本，這段感情在徐悲鴻的人生中雖然增添了不少色彩，但也消磨了不少時光。尤其期間穿插了花花公子張道藩的攪局，令徐悲鴻和蔣碧薇情海波瀾中又平添了不少風波。

就在這段時間，徐悲鴻認識了才十八歲的孫多慈，他被這位女學生繪畫時專注的眼神所吸引，而且對於這位女學生的天分極為疼惜。在師生之間傳授課業的過往之中，孫多慈對徐悲鴻的特殊氣質和淵博的學識也極為傾倒。就在某一次的機會中，徐問孫多慈說：「要不要到我的畫室去看看？」這對於一個學生來說是多麼難得的一次機會，孫多慈不假思索猛點頭地問老師說：「可以嗎？」就在這一次，兩人心中燃起了很微妙的火苗。尤其這一次探訪畫室的過程中，孫多慈又充當了徐悲鴻的模特兒，在作畫的過程中徐悲鴻被她的純真氣質給深深吸引住。在往後的日子裡，年少清純少女的陪伴，讓原本因為家庭和感情問題極度憂鬱的徐悲鴻又再度地燃起了生命的火焰。但好景不常，由於蔣碧薇的嫉妒和勃然大怒，眼睜睜地拆散了這對熱戀中的戀人。孫多慈雖然年輕，但她卻很理性地選擇了離開徐悲鴻。這次的事件表面上徐悲鴻似乎回到了家庭，但是他的心卻仍然日夜懸掛著孫多慈。令人感動的是，徐悲鴻覺得對孫多慈心有愧疚，曾經多次拿了為數不小的款項，託多位學生去蒐購她的畫作藉以接濟她的生活。由於孫多慈的父母保守傳統的觀念，內心始終對徐悲鴻留有不好的印象，為了要徐悲鴻死心，就在孫多慈二十六歲那年，硬是把她許配給許紹棣，但孫多慈並沒有因此顯得快樂，反而更加地思念徐悲鴻，從此更形落寞寡歡，她只求在有生之年，即使只要能夠再見到徐悲鴻一面，死也無憾。

徐悲鴻後來和蔣碧薇終究還是因為嫌隙過多而離異，之後他又迎娶了廖靜文。孫多慈原本以為此生此世還有機會兩人再度重逢，這晴天霹靂的訊息傳來之後，使得她更加感傷而不能自已。孫多慈日後雖然隨著她當官的先生來到了台灣，就在一次畫展中巧遇了當年的蔣碧薇。蔣碧薇也被這突如其來的舊人嚇了一跳，她不經意地劈頭就把徐悲鴻已經逝世的訊息告訴孫多慈，孫多慈聽了這個消息之後，由於刺激太大，就在痛哭失聲中暈眩過去。孫多慈返家之後很誠實地對自己的丈夫說明徐悲鴻的一切，而且還跟丈夫說她要為徐悲鴻披麻戴孝三年。沒想到這位年長她許多的先生，竟然也能夠大度地接納她的要求。就在這守孝的三年之中，孫多慈再也不像往常那麼用心作畫，再加上心情的鬱結，沒有很長的時間，就在六十三歲的那年，她離開了人世間。

有智慧和才情的人物連對感情的處理方式也截然不同，「淚眼問花花不語，亂紅飛過鞦韆去」，〈蝶戀花〉中極度地引物話情，這是小愛，而且是不理性下的一段話。人一旦用情過深，連周遭的環境也會給牽扯進去。你看連那個花被風吹拂過，也會變成一種詩詞上的意境，從花也可以惱人，風隨意吹拂過也會是一種摧殘而賺人淚眼。似乎用情深時，任何眼前的物品都會變成刻畫內心脆弱和自私的本質，這是屬於不理性的愛情，而且顯得柔弱無力。

這種愛情一旦遭遇到世俗的變化，剎那之間就會人物全換而灰飛湮滅，就如同現代的青年男女一般，不知情為何物。一段感情的經歷，就像蜜蜂擷取不同花朵上面的蜜汁一般。中國古詩詞從唐宋以後，多用來描繪男女心中對感情的一種發洩，所以漸漸地像唐中主的詞，讀起來極為秀雅，但也都是小情小愛居多；溫飛卿的詞雖然詞句練達豔麗，但格局氣派不夠，因為內容多是閨閣情愛為主……。直至馮正中的幾首詞中，如〈菩薩蠻〉、〈鵲踏枝〉等，都是他的經典，和一般他人所敘述不同，格局特大。

中國歷朝男女都有震撼人心的愛情故事，有的為國為民為了社稷，放棄了小情小愛，有的當然為了美人，寧可把大壁江山拱手讓人，也有的為了對方衣帶漸寬，無稍悔意，且認為理所當然。我就讀過在冒辟疆落魄潦倒感染疾病時，董小宛夜以繼日，不眠不休，除了侍奉膏湯之外，因為冒辟疆無法睡在床鋪上，董小宛用她弱小的身軀充當寢具，抱著他整整三四個月，只為了讓他能夠安枕入眠。最後董小宛由於虛勞過度，沒多久就離開了人世間，留下惆悵不已的冒辟疆。冒辟疆對他的袍澤說，他這一生的福澤何其大呀！和小宛相處的十年間死而無憾！

愛情以理性對待，用得其所，是可以令英雄創造出經天緯地的大事業。也有人在愛情失意的時候，轉化為一股力量，讓自己更形茁壯。

徐悲鴻雖然有著幾段不同的戀情，但孫多慈給予他的就是一股正面的能量，雖然她無法和他修成正果，白首偕老，但在那段時間也因為孫多慈的出現，讓徐悲鴻創造出傳世的作品，這或許對於藝術也是一種正能量的詮釋吧！

26

堅持就可以創造不朽

如果去過奧地利旅遊的朋友，一定也會慕名造訪位於維也納西南邊一座舉世聞名的古皇宮，它的名字也極富有神秘的色彩——美泉宮。這是十七世紀時，當時的神聖羅馬帝國皇帝到此地打獵，因為口渴從馬上下來取水，無意間喝了一口水之後，頓時神清氣爽起來，而且覺得從未品嘗過那麼甘冽、甜美、順口滑溜的水質，回到皇宮以後，依然對此地的水質念念不忘。之後在他當日汲水飲用的地方蓋了一座宮殿，取名為美泉宮，這個地方日後成為了避暑專用的宮殿。

現在如果到這個地方參觀的人，從氣勢磅礴的中間大門走進去就是它的大廳，這是一棟十八世紀盛行一時的建築風格——巴洛克風為主的建築物，一般人會被它琳瑯滿目、各式各樣融合不同文化的圖騰和色彩所吸引，其中也摻和了東方神秘色彩的擺件，例如明清的瓷器。詳細看了之後，很驚豔於裡面很多處居然也都鑲嵌了一些中國人特有的建築元素，像小葉紫檀和不同的檀木，使用在中國式的房間裡。但是這座建築物大部分還是屬於洛可可藝術造型居多，由於這座宮殿融合了東西方的藝術文化色彩，因此吸引了各式各樣的民眾經常來此參觀。

這個宮殿是僅次於凡爾賽宮的巨型宮殿，面積大約將近三萬平方公尺，有大型宴會招待外賓的時候，可供近千人使用。許許多多的園藝造景師和建築師也絡繹不絕地來參考它的建築風格，以及它特殊的花園造景，它的星形造景和林蔭大道，其實在當年是有其他的使用考量。許多著名的雕塑大師不只一次去觀看，在花園中有著德國藝術大師所雕塑的栩栩如生、活潑又生動的羅馬神話故事。

現代的美泉宮每一年都有特殊的音樂盛會在此舉行，二〇一〇年也是大音樂家——舒曼誕辰二百周年的紀念，世界各地陸續絡繹不絕地為這位音樂大師舉辦了各種不同的饗宴，美泉宮也在同年的六月八日，舒曼的紀念日當天，由維也納最負盛名的愛樂交響樂團演奏了舒曼的《夢幻曲》。這首曲目在名指揮家的帶領之下，由整個樂團精湛的演出，在溫暖的和絃配合之下，演奏起來會讓所有的聽眾如癡如醉，不禁令人遙想起舒曼最著名的套曲——《兒時情景》，這便是舒曼幼年時期的一切回憶，毫無保留地傾洩於這套曲子當中。《夢幻曲》是有它的創作背景和故事，原來是舒曼在和他的老師威克學習的時候，因為經常碰到威克的女兒——克拉拉。克拉拉的音樂才華早就深深地吸引住當時的舒曼，可是當時的舒曼只是一個名不見經文的窮小子，他幾乎天天被克拉拉的倩影縈繞著他全部的生活。

這就如同當時漢武帝所寵愛的愛姬李夫人一般，漢武帝天生酷愛音律，宮中養著一批樂人，其中有一位年輕的樂師李延年，這一位極富有創作力的樂人特別受漢武帝的寵愛，因為在所有的人當中，他是極少數能歌又善舞、又會編曲又會創作的藝術家。某一次，他又編了一首曲子在武帝面前獻藝，漢武帝被歌曲的內容深深地吸引住，因為歌曲中所唱誦的是描述一位面容和身段姣好，足以傾國傾城的國色天香。漢武帝一邊聽著一邊想像著，這世界上真的有如此動人的美人嗎？還是只是藝術家本身綺麗的幻想？但是看著這位年輕的樂師如癡如醉地唱著所編的曲子，又煞有其事地呈現在眼前，如同唱活了一般，從此以後這件事就擺在武帝的心中盤旋不去。

一日，平陽公主不忍見自己的弟弟如此地掉魂一般，於是就跟武帝講，李延年所唱曲目中的美人正是李的親姊姊，武帝一聽說世間真有此美人，就命李延年親招他的姊姊進宮，這一見之後，真的就讓武帝日夜失守，好一段時間無法專心於國事，到了無法自拔的地步。只可惜紅顏薄命，這位李夫人在世間的壽命並不長，後來染了一場怪病之後，便與世長辭，留下的也只是武帝的低喟與感傷。甚至找全國最好的畫匠描繪李夫人生前的容顏，還找了道士為她勾魂，希望能夠見上一面。是日，宮中燈火通明，只為了一睹李夫人的樣貌，就在這乍隱乍現的燭光中，彷彿重見了李夫人一般，所以漢武帝事後所寫的詩中有一句「是邪非邪？立而望之，翩何姍姍其來遲？」這世界上從古至今，多少英雄豪傑、帝王將相、才子俠客，有的一怒為紅顏，有的不惜半壁江山拱手讓人，有的為了博取佳人回眸一笑，一擲萬金。

克拉拉的父親在德國是一位極富名望的音樂家，家中也算富有，加上從小就被稱為天才女鋼琴家的克拉拉，經常和父親在各地演出，在父親的眼中，克拉拉不但是他的掌上明珠，他對她寄予厚望，一直希望能夠幫她安排一位門當戶對而又有才情的對象，所以當他知道舒曼對自己女兒心存愛意的時候，他就把舒曼逐出師門，嚴厲地禁止他再來家中。

克拉拉其實也是暗中心儀著舒曼，她認為舒曼他日一定會成為音樂世界裡的巨擘。舒曼並沒有因為克拉拉的家庭反對，而中斷了對她的思念與愛慕，相反地，變成一股創作的泉源，這股能量令他靈感泉湧，甚至於有時候一口氣寫下數十首的曲子。他們兩個不會因為父親的百般阻撓而形成了斷雨殘雲，反而令兩人在此反作用之下所形成的風情月思，更顯膠著與堅固。曾經有一次舒曼把他創作的曲子送給了克拉拉，沒想到這幾十首的小曲，所選出來的十三首居然可以成為不朽的傳世創作，其中的《夢幻曲》更是音樂世界裡傳世的經典巨作。

舒曼和克拉拉的愛情故事從女方父親的百般阻撓，為了舒曼不惜舉家遷徙多次，甚至於還揚言要用槍打死舒曼，更不准他的女兒彈奏或聊到任何舒曼相關的曲子和話題，還為此打了足足兩年的官司。後來皇天不負苦心人，還給了這對戀人一個公道。雖然他們的美滿生活只有後來的十幾年，因為舒曼後來得了憂鬱症和精神分裂症，可是克拉拉為舒曼養育了讓舒曼後期大量創作的精神食糧——七個小孩。這段期間**由於愛情的滋潤、家庭的溫暖、天倫的融洽，令這一位音樂界的大師得以有足夠的力量，創造出不朽的傳世樂章。**

27

睡蓮

直至目前為止，畫壇中只要提到印象派，就會聯想到一個鮮明的印象，便是由莫內在當時的法國所引領掀起的全新風潮。莫內的〈印象・日出〉這幅畫有別於傳統的畫風，尤其那遼闊一望無際粼粼海波中，鮮豔的翠綠波紋及一輪火紅的太陽從地平線的另一端冉冉上升，橘紅色圓滾滾如同少女喜孜孜的笑臉一般，染紅了整個碧波如鏡的海面。莫內用他極具創意和壯闊的構思，完成了這一幅畫，由於畫風粗曠任意、不修邊幅，整個畫面上雖然只是簡單的構圖，但是對於光和影像的處理，在當時引起了其他流派的攻伐。

印象派的來源是由於莫內的創作——〈印象．日出〉的題目，在當時是圈內戲謔的用語。事後證明，當時的反對聲浪隨著莫內的創作和後起之秀不斷地跟進，印象派引領了從十九世紀至今屹立不輟的地位。尤其塞尚日後不遑多讓地為印象派創作了許許多多特殊的畫作，特別是靜物和風景山水特殊的技巧，影響了後代的印象派極深。由於曾經追隨畢沙羅習畫數年，他深深地被他的作品給吸引住，像是在人像勾畫線條上和光影的處理，他從畢沙羅身上得到了許多啟發，尤其是畢沙羅酷愛生命，與人友善的性格，形成了吸引他留在他身邊學習的極大動力。

塞尚和莫內不同的地方，是來自於塞尚有更細緻的觀察力及感受力，在日後他所畫的多幅風景畫中，可以明顯地感受到他獨特營造的光影和氛圍，這是當代許多油畫創作者所不能及的地方。莫內藝術生涯的分水嶺，應該是他認識了歐仁・布丹那段期間，莫內從他身上吸收到了大量寫生的竅訣，再融合了他喜好結識不同創作的藝術家，與其切磋技法的期間，他領略到了在大自然之下如何使用光線的處理，以及重疊的色彩運用，由於他夜以繼日不眠不休地創作和研究，在他一幅取名為〈綠衣女子〉的畫作之後，引起了一陣騷動，從此以後奠定了他在畫壇的地位。

早期我也曾經因為欣賞巴比松畫派那種鄉野自然風景所呈現出來的優雅氣息和柔和的色彩素材而深受吸引，尤其是被盧梭和米勒多幅作品題材高度的配色技巧給折服，儘管在當時，法國人曾一度看不起這個派系的畫風，但我認為如果對於大自然取景要有進步的話，多臨摹和鑑賞巴比松畫家的作品是很重要的。米勒曾經畫過一幅他在楓丹白露的巴比松，在這幅很寫實的畫作裡勾勒出來的是一名農夫，很專注地在田地上撒播著種子的影像。米勒成功地把十九世紀法國農村那分粗曠又簡樸的神情，描繪得維妙維肖，這幅畫和〈拾穗〉可說是奠定了米勒農村畫家的不朽地位。那個時期的法國畫界幾乎很少有畫家在戶外作畫，幾乎都是用想像來構圖風景，而且風景的題材也不多，一直到了有人發覺楓丹白露這處人間淨土，被這個優美的大自然美景吸引後，以耳傳耳地，漸漸有些畫家也來到這個地方。這個風氣也形成了日後畫家們先在戶外把要創作的圖稿和布局打底好，著色和增添任何的素材，可以在自己的畫室完成。

在我自己的陳列室中，曾經有一名學生看到我在畫布上畫著一位婦女撐著洋傘，佇立在山崖邊，兩眼很專注地遙視碧海藍天的模樣，此時一陣海風吹拂在她的身上，她的裙子隨著風擺動起來，那個姿態極富神秘而又與世隔離的樣子，學生一看就說這不是莫內的畫嗎？實際上是我曾經看過莫內所畫的卡蜜兒——〈撐傘的女人〉，雖然這是很早以前的作品，可是可以看到他熟練地利用色彩和大膽的筆觸，最重要的是整幅畫的布局和光影是所有人物畫中，我認為最成功的一幅，尤其是婦人和小孩角度的運用非常獨特，這幅畫我在不同的畫冊都曾經看過，每次看到，都忍不住多看幾眼。也因為這一幅畫，令我想到曾經有人描寫過莫內，說他一生當中唯一的女性模特兒，也是他一生中最鍾情的伴侶就是卡蜜兒。從最早卡蜜兒和他相遇，成為他的模特兒開始，兩個人就像天雷勾動地火般，一發不可收拾，迅速地進入熱戀。

莫內的父母都是比較保守傳統的人，他們最大的希望就是莫內能夠繼承家業，但是偏偏莫內沒興趣整天鎮守在那間傳統的雜貨舖裡，與五穀雜糧、生活用品為伍。也因為父母有些鄙視卡蜜兒的出身，所以更引起了家人極大的反彈，認為兒子的不聽話和卡蜜兒有關，因此不再給予莫內任何生活上的資助，也不承認他們兩個人的關係。但是莫內並沒有因為父母家庭所給予的壓力，而離開他鍾愛的卡蜜兒和他的藝術創作。一對窘迫的年輕夫婦，從此就展開一段為期不短的清貧畫家生涯。

因為莫內有著才華橫溢的天分，曾經以卡蜜兒為主的一幅畫作而在畫壇傳頌開來，這讓莫內極有信心，興致勃勃地想要再用卡蜜兒創作一幅更巨大的油畫。那段時間他使勁拼命日夜不停地畫，原本以為看好的沙龍展，沒想到展出以後反應極為冷淡。這下子他受到了很大的衝擊，一度自暴自棄極為沮喪。這時的卡蜜兒不斷地安慰鼓勵他，希望他重拾畫筆，也沒有因為他的貧窮而想離開他。她繼續扮演著太太和模特兒的角色，莫內也在她的鼓舞下創作了多幅特殊題材的作品，那一段日子，生活雖然過得慘淡，但由於在家庭的溫馨之下，反而讓他形成了一股創作的能量。名揚於世的〈印象・日出〉就是在那段期間問世，隨即而來的聲名遠播奠定了印象派的地位，他也成為世人日後所認定的印象派鼻祖。

很多人失去了愛情，便會成為一具沒有靈魂的空殼，也有少數人可以把失去轉化成為另外一種獲得。後者因為擁有強韌的生命力，所以可以替自己創造出不朽的生命價值。莫內隨著他的成名，生活也漸漸寬裕起來，從各處來蒐購他畫作的人也愈來愈多，畫作的價錢也水漲船高地愈來愈高。兩人因為擺脫了往昔的窘迫窮困生活，就沒有了貧賤夫妻尷尬的一些問題，倒是過了一段甜蜜而又充滿幸福的日子。可是好景不常，就在卡蜜兒三十七歲那年身染重病而香消玉殞。這對莫內來講是極大的打擊，因為誰也沒料到在這段處易備猝、完全無任何徵兆的情況下，他的愛妻在極短的時間內撒手人寰。對莫內來講這不僅僅是錯愕，而是一連串的為什麼！從此他的人生失去了方向。我們從他所畫的一幅〈臨終的卡蜜兒〉中得見那幽暗的色彩，以及有別於其他畫作的筆調，可以看得到那一段時間他的靈魂是不存在他的畫筆下的。

無庸置疑，藝術家本身就是浪漫多情的化身，但在畫壇上要像莫內這般癡情的人倒也不多。據說過了極長一段時間，到了暮年，終於因為某種原因他才和第二任妻子結婚，但是直到莫內再也不能畫畫之前，他從來沒有為他第二任太太畫過任何一幅畫像，可見他的生命中只有卡蜜兒。莫內由於創作愈來愈豐富，也積蓄了為數不少的財富，為了懷念他的愛妻，他買了一棟豪宅，豪宅的花園極大，到處種植了卡蜜兒所喜歡的花草。他花了極大的心思把他們兩人曾經去過的原野、共同的喜好縮影成這棟花園別墅。雖然已經過了一百多年，但這棟屋子裡面所有的色彩和布置依舊因他們兩人美好的愛情而留存著，令所有造訪的人感動莫名。

莫內最著名的畫作當中有一幅〈睡蓮〉，我欣賞這幅畫的時候，彷彿可以看到一位身軀日漸佝僂、髮鬚斑白的孤獨老人，旁若無人地站立在蓮花池畔良久，因為他知道那蓮花就是卡蜜兒的身軀和靈魂。曾經多少的歲月裡，他們共同欣賞著不同睡姿的蓮花漂浮在水池上，莫內曾經戲謔地對著卡蜜兒說：「妳就是整池蓮花中開得最燦爛的那朵。」每當秋天來臨的時候，莫內便會到處尋找那午後才會綻放的蓮花，因為他深怕黑暗之神來襲時的陰影，會讓他想起卡蜜兒臨死前的那一幕，他怕自己承受不了心中的悸動。雖然莫內畫了無數的睡蓮，但我獨獨鍾情於那一幅，用色雖然黯淡，但卻是感情極度凝鍊的表達。

雖然後來他苦於眼睛的障礙，視線也愈來愈模糊，但是在他龐大的家宅裡，到處可見的是不同型態的蓮花以及處處皆是花草扶疏，有如置身於童話故事中才有的仙境。莫內晚年幾乎就在這一棟花園洋房中度過，也創作了為數驚人的傳世作品。正因為一位男人對自己鍾愛的女人如此地醉心，他們雖然人天永隔，但卡蜜兒對他的影響力直至她死後，仍是他創作的靈感來源。誰說愛情的力量可以忽略？從莫內的餘願中——希望死後能夠葬在卡蜜兒的旁邊，永遠、永遠地陪伴她長眠，就可以知道這位名滿天下的畫壇巨匠，情深之一斑。

用人的一生來計算，從愛情到婚姻，差不多佔了人生的一大半，**每對男女都有不為人知的感情生活與細節，雖然和不同人的過往可以沉澱在自己的歷史扉頁裡，但誠實地面對愛情會讓自己的人生踏實心安，也增色不少。**你要如何對待自己的良心，便看你用如何真誠的態度對待你的另一半，千萬不要學習盧梭，他的一生流連在不同的貴族女人身上，傷害過不少女人的心，特別是華倫夫人那一段，可是他竟然還寫成了《懺悔錄》名揚於世，這真是一種莫大的諷刺。

黃金60

喚醒生命的力量

讓自己的生命力源源不斷的定律和法則

只要能夠和自己的心溝通好，並且願意這樣子配合的人——

他的路必定好走，
他的心必定好使，
他的人必大受歡迎，
他的事業必定如日中天，
他的人際關係永不寂寞，
他的生命永不凋零，
他的能量如長江之水，
他的力量連自己也無法估量！

01

在任何時刻都要維持歡喜心，不是強迫式的，而是發自內心。唯有**從內在真正地發出喜悅的微笑**，才不是業務員的笑容。一個人如果可以從內心真正笑出來，這個人已經準備好全部的正面能量和這個世界接觸。

02

真正的關心、愛護和付出你的真誠給自己身旁無論遠近的朋友，但是**每天早晨醒來最重要的一件事情，就是要和自己溝通，要把自己的心用在別人身上**，而不是只想到自己。當天所做的每一件事情都必須用同理心真正地為自己的家人、朋友、同事和客戶著想，如果能夠持續，長此以往，你將贏得別人回饋給你的真心。

03

永遠要保持至少輸一個人的想法，無論在家或在外，千萬不要當第一，這是維持能量不變的定律。**事事都要第一，最後一定會第一個倒下來。**讓自己有緩衝的餘地，這才是第一要件。當自己超越他人的時候，你已經開始和他交惡，當你讓位子給別人的時候，你已經開始贏得他的心，但是你一定要讓對方覺得你是真誠的，而不是懷抱目的。

04

這個世界上的人為什麼成功的人比例較少？原因是因為**只有百分之十的人，會在人生的不同階段裡為自己的路做計畫**，而大多數的人之所以會東跌西撞，主要的原因是來自於連自己的下一步都不知道怎麼跨出去，所以時時刻刻都要把下一步就是自己成就的未來貼在腦門上，半點都疏忽不得，計畫是成功的里程碑。

05

要做好事情，要先學習好如何處理事情，不要像一般人一樣，光挑容易完成的事情做，這樣子的態度只能更確定平庸的一生。從今以後，**做任何一件事情，一定要挑最難完成的擺在前面**，如果可以適應這個習慣，未來的日子將沒有困難這兩個字。

06

對於現代人或新一代的新新人，你不要給他任何建議，你只要跟他多討論他最喜歡做的事情有哪些，這是很重要的。大多數人的目的都只是為了賺錢，而出賣了自己的靈魂，從來沒有問過自己對於現在所從事的行業和工作，是喜歡還是迫於現實？要知道**一切能量的來源，都導源於如熱浪一般的熱忱**，唯有這股動力，才能化解在人生道路行駛上一切的風險。

07

一個人只要沒有停下來，他就是一個贏家，而僥倖突如其來的勝利，便使得自己停擺，他便是一個失敗者。只要你**願意不斷地嘗試，永不停止地出發，永不停止地奔馳**，最後你一定會在世界的頂端拔得頭籌。

08

無論你現在是失業還是待業，還是正在就業，你要有一個觀念，**你可以創造整個世界**，當你產生這個想法，你的正能量已經和你接上軌，剩下的便是你如何去創造這個世界。人最擔心的是失去了信心，或很輕易地被打擊到自己的信心，要有不斷嘗試和創新的想法，**不用顧慮他人的眼光和批評，當你擁有這樣的決定，你已經開始擁有整個世界，剩下的是世界在等待你對它的啟動。**

09

你問天底下所有的人，絕對沒有人會告訴你，他要去努力找尋失敗，可是我要建議你，如果你要成為天底下的第一人，你雖然可以不必刻意去找尋失敗，可是**你要努力地去探求這世界上成功的人，他剛開始失敗的原因在哪裡？**

10

如果你害怕失敗和痛苦，你就要不斷地告訴自己如何才不會真正遭遇到失敗和痛苦。只有一個最簡單的方法，微笑地去面對你有可能會遭遇到的失敗和痛苦。所有成功人士履歷上的過往，每一筆都代表他曾有過的失敗和痛苦，否則他就不需要有下一筆。**遼闊的大海看起來之所以壯觀，是因為有不會停止下來的波濤**，再凋零的七里香，它永遠還是會從自身散放出幽香，人最要擔心的是害怕失敗這件事。

11

落腳的房屋一間，任意的床榻一頂，悠然地點著清香，舒活地喝著茶茗，閒來無事看幾本閒書，慵懶時睡臥松梧之下，這也是美事一件。你可以這樣子晏然閒居，你也可以撫琴吟唱。很多人**不懂得在奮鬥的過程中，讓自己有片刻的停歇，這對生命是一種摧殘**，有時候短暫的休憩是為了能夠看到更絢爛的遠景，不斷地壓縮自己的身心是讓自己能量消失最負面的行為。

12

很多人總希望擁有的東西可以愈來愈多，有的人甚至於習慣性每樣東西都要準備三份，後來發現他的肚子根本吃不下那麼多東西，他的家裡也擺不了那麼多家具，衣櫃裡也擺不了那麼多衣服，最後他必須花很多時間去處理累積和複雜帶給他的困擾，所以**如何讓自己學會單純化是很重要的一件事。**

13

要成功地做好每一件事，就必須要**先學習如何有恆心，並且規律性地去進行每一件事**，大多數的人都只是三分鐘熱度，持續和不變是把事情做好的關鍵。

14

失敗是一件很好的事，它代表離成功又更近了一步，做大事的人不會把失敗放在心裡；相反地，他們都認為十次的失敗帶來一次的成功就夠本；相反地，如果一再地因為害怕失敗而產生恐懼感，連步伐都不敢大步邁開，這才注定這個人一生都是失敗的。

15

接受自己的一切，是掃除阻礙成功的要件，無論自己的長相、身材、思想、學歷、才能、收入如何，都不重要，最重要的是你要照單全收你所擁有的一切，因為這象徵，別人如何看你，如何批判你、評斷你，你不會受影響，這是擁有自信的重要項目。

16

真正的吸引力是建立在任何人看到你都有強烈的信服力，這時候做任何表達都是多餘的，可是要知道**養成這樣子的力量是要經過無數的淬鍊和人世間的洗滌，絕非一蹴可成。**

17

無論在任何的立場下，**當你面臨和對手談判的時候，你一定要讓對方覺得你比他重要**，非你莫屬，除你之外別無他人可以取代。

18

專業和熱忱再加上信譽，任何人擁有這三樣特質，那就象徵他的人際關係和社會活動力將是最好的。

19

和許多的成功人士接觸過，發現他們的身上都擁有一個特質，那便是把**時間都用在刀口上，半分不差，絕不奢侈浪費分分秒秒**，而經常拖延和藉口時間不夠用的人，和老是鬼打牆在同樣的錯誤上浪費時間的人，當然他成功的機會就比別人少。

20

一個永遠都不會停止步伐向前邁進的人，你會發現他是最有魅力的，同樣地，一個人無論他現在地位多高，擁有多少財富，如果他**懂得生**

活中從事任何事物都要做好準備，絕不掉以輕心，並且都懷抱著謙卑學習的態度，這個人，他的成功線是會被拉長的。

21

很多人容易安於現狀，他覺得不變就是一種安全，實際上人的心念決定一切，你永遠沒有辦法讓你的念頭不動，當你的心念稍有起伏的時候，其實你已經不安全，**保護自己並且讓自己安全最好的方法**，**就是不要去固執地抗拒任何會來的事物**，也要勇於嘗試去接受改變，根據經驗法則，經常願意改變的人成功的機會比安於現狀的人多出四十八倍。

22

如果你是一個經常搭飛機的人，或者你有研究全程飛機的行駛途徑，你會發現沒有一架飛機不會離開原來要走的軌道，但是重要的是，每一架飛機都會安全地抵達目的地。**人的一生必然都會有偏差的時候，讓它過去吧！**只要自己的人生可以到達成功的彼岸，就不要浪費時間在小事情上，掂斤播兩地計較。

23

許多商業鉅子成功的條件是在於不受傳統約束，並且不斷地讓原有的產業變得不一樣，不斷地用新的包裝去滿足不同的客戶層。他們都有一個重要的概念，**保持原狀就是一種損失，求新變異會給自己帶來無窮的財富。**

24

雖然說世界上所有的事情都沒有一個定論，但是我相信結果只有兩個——成功與失敗。**會成功的人是用微笑面對他的磨難，他總認為在**

黑暗中才會尋找到寶石，對於失敗的人來講，磨難對他而言，他永遠不能面對，一步都不敢向前，就像他踩在懸崖峭壁上，他隨時會粉身碎骨一般，當然他更沒有勇氣去挑戰下一步。

25

處事要有虛空不妨礙流雲，流雲也無礙於虛空的一派瀟灑壯闊，就如同專業的演奏家，優遊瀟灑地演奏著他的拿手樂器，更像一位優秀的演唱家，用全身的細胞表演著拿手的樂章給大自然傾聽。**對於當下所遭遇的一切，要有胸懷一片的襟胸，便可安然無恙地度過。**

26

如果你要避免上一次的失敗帶到你的意識中，和過去負面的經驗完全切除是很重要的，**要知道杯子裡面的水如果沒有徹底倒掉，是無法裝上乾**

淨的水，因此不要把不好的經驗存放在你的記憶當中。

27

不要再給自己的人際關係有任何的託詞，你可以用身上的手機、桌上的電腦和**任何一切可以表達自己善意關切的輔助工具**，哪怕是送個微笑貼圖，都會給自己帶來意想不到的收穫。

28

根據統計，**人們失敗最後的原因都來自於不能接受失敗本身**，如果可以看到失敗給自己所帶來另一面的影響力，這反而是一種成功。

29

大多數的人都把精神和心思花在如何去掌控人上面，**掌控人的思想，掌控人的行程，掌控人的好惡，其實這會讓自己的精神耗弱**，最後一事無成。嘗試看看是否反過來思考，把注意力集中在自己的心念和專注力上，這才是對自己有幫助的控制方式。

30

學歷固然對某些人來說是一種依據，但**對於有自信的人來說，學歷只不過是一種參考**，你去研究所有成功人士的經歷，你會發現他們終其一生並沒有多少機會需要拿出自己的學歷證明。

31

成功的人大都是謙卑地主動吸取別人的建議，而失敗的人大多是消極地迴避和抵抗他人的批評，要知道**先需要有胸納江海的氣概，才可以乘風破浪**。要知道要有氣吞無垠蒼茫的雄心，腳底才會遼闊，要成功就要有氣派，有氣派自然就可以揮灑於人脈之中。

32

許許多多的成功企業家一再地強調，**誠實和腳踏實地是他們成功的座右銘**，請看全天下的高山峻嶺，有哪一座是虛而不實的？再請看天下之間五湖四海，哪一條溪水、河流是不實的？因為源流而有秩，所以才不會腐敗。

33

與人為善、爭取正向的回饋只有一個方法，不講無意義的話，不在小細節上計較，更不應該批判他人，説長道短，要知道説人一句，必須要承擔他人反說十句的後果，因此**日常上無需與人講說八卦，這是浪費時間和生命力法則的致命點**。

34

得到禮物最好的方式就是先回饋，每天晚上都要思考當天有誰幫助過自己，隔天自己就要想到如何回贈對方，**這是迴力球式的報酬率法則**，當你給別人一分的時候，其實你已經賺到了一塊錢。

35

經營事業之前要先整治自己的心境，保持如太虛般的心境，會讓自己心思清新，**樂觀的態度可以面對迎面的磨難**，無論你如何地憂煩，讓自己的心境擁有絕對的空間是必要的。多想想你有多久沒有看到窗前的落葉、郊外的垂柳，你有多久無意去注意到池畔、溪邊的雜草？你又有多久無暇理會橋邊的倒影？適當地駐足、休憩，是為了保持自己的能量，能走成功的道路。

36

成大事要防大忌，**動怒和情緒是讓人從高峰直墜谷底唯一的途徑**，聰明人絕不會貿然暴怒。要學習處逆境要轉念，就如同杯酒吟唱，自然引來十方好風，懂得卸衣脫帽，自然會有新雨和雲來，放開胸懷吧！

37

永遠要記得，退一步自然海闊天空，心間若無風浪，隨處是青山，胸中若有化育，隨處鳶飛魚躍。人生在世，幾十寒暑，不要為了斤兩細末敗了大好前程，**寬恕便是轉化唯一的口訣，與人交惡便是通往必敗的途徑。**

38

再偉大的聖者豪傑也有脆弱的時刻，縱橫百里、出入百家的學者也有皺眉之時。人必須適時地給自己放鬆和充電，**過度地耗損精神，反而會阻撓自己成功的機會。**有時也要學學空山聽雨，有時也要欣賞鳥啼花落，有時也可取卷快閱，有時睡臥八尺檀床上，有時沐浴溫泉間，有時散步落花間，有時空樓賞白煙，需知道擁有舒活快意的生活空間，才有開天闢地的靈感。

39

歡喜心和開心是化解緊張和壓力很重要的元素，而平日裡防微於細，自然不會有皺眉之時，**從善如流，笑臉迎人，自然沒有切齒之人。**出門前多想想開心之事，有壓力時多看看莞爾笑話集，多與風趣幽默之人相處，便可獲得如沐春風之機。

40

要在世上成就第一等事、做第一等人，便**要有任人苛罵、譏諷的韌度**，如果只是要成為一般人，那就做好自己的本分，但是對於無法掌握的市井小人，你任何時間都要如同侍奉父母爹娘一般笑臉對待，以免有朝一日反目以待。

41

「我」是最重要的，但也是最簡單的，重要的是不要傷害別人、觸怒別人、得罪他人，要讓自己過著簡單的生活。其實也很簡單做到，那就是**從今以後不再指責他人、批評他人、與人計較和埋怨他人。**

42

再偉大的人也有恐懼的缺點，但是恐懼感的來源其實便是反映內心強勢和主導性的反射，如果可以讓自己**打從心中放軟、放低和放寬自己的尺度**，漸漸地你便會發現，你對黑暗、高處、海邊和小昆蟲再也沒有畏懼的想法。

43

你要思考如何可以成就巨人般的高度、聖人般的操守、英雄般的大氣，你可以仔細地檢查平常你消極的態度多不多，自以為是的機會多不多，行事是否魯莽不拘，與人共事是否傲慢無禮，與身邊人相處是否狐疑多變，生活用度上是否過於豪奢浪費，**獨處的時候是否容易自我封閉，與人討論時是否固執偏激**，做事時是否沒有長遠心，個性如果屬於自私貪婪、嫉妒小氣、言而無信、衝動易怒、畫地自限、迷信盲從，不允許微細缺點，生活沒有任何計畫與目標，抗壓性低。如果檢查結果你擁有這些問題，那便是你必須積極改變的死角。

44

你可以閒步於繁花叢林之間，但是要走得出才是自在，**你可以行走於狂風暴雨間，但是要站得住才是根基**。在夢想與實際間交錯的人生中，如果無法用中庸的方式去行使，你將會經常被矛盾、衝突和錯亂給捆綁住。

45

對情緒無法掌控的人，他連料理自己的袖釦都有問題，更別談託付大事給他處理。**古往今來，情緒毀滅了多少的英雄好漢**，有的因此失去江山，有的因此被奪去生命，情緒是一個人成與敗極重要的關鍵處。

46

如果你真的曾因過去的無知，有過幾次的失敗，那你更應該要慶幸這是轉逆為勝的哲學，每一次的失敗正好是你生命中的期中考，也是自我考驗的機會，你會驚奇地發現，每一次挫敗之後反彈攀升的指數超過了不可預知的驚喜，**多少成功的案例都正因為失敗者的堅持和咬緊牙關，最後獲得了復活和重生**。失敗本身是一項禮物，但能否收到，取決於你的態度。

47

人的一生在不同的階段，有不同的起伏，如同巴薩諾瓦的音樂一般，有時輕快，有時又讓你無法掌握，但也**正因為在不同的轉彎處，你才有辦法欣賞到不一樣的驚喜**。不需給自己的人生太多的預設，隨著自己的節拍，重點是你要懂得融入，但是卻不可以心亂。

48

如果你的人生可以在任何時間對全世界做網路直播，那表示**你已經尋找到你正確的方向**，同時也確定自己的信心，而且也代表你肯定你現在的自己。但是如果你連手機號碼、Line都不敢留給他人，那象徵著你還沒有準備好如何樂觀地面對你的生活。

49

常常有人埋怨自己的生活如何地忙亂，而且又無法掌握，弄得自己很有情緒，那是因為你不懂得融合現代人的生活步驟。**你如何在不確定的生活中穩住陣腳、看住心念，才是王道**，就如同你無法知道時尚圈的趨勢一般，就像今年流行不對稱的線條和超迷你的小包包，有誰知道下一季到底是復古還是時尚？

50

懂得轉彎的人生還需要有掌握時機的智慧，有時沒經過思考的急轉彎，恰如F1賽車手用超高的轉彎速度，如果突然有個閃失，你沒有高度煞車的裝置，摩擦力超過你的阻力，也許你的人生因此而崩盤。所以**如何在人生的低處有智慧地轉彎，才是駕馭生命的高手**。

51

一個著名的長輩告訴我，如果他人生有小成就的話，應該歸納於他的幾項原則。第一，都在固定的時間起床做固定的功課，例如：讀報紙或看即時世界新聞；第二，每個星期都做短程的計畫和檢視一周來的成果，做檢討和修正；第三，在每天的早晨提醒自己當天行程要注意的事項，在夜晚臨睡前自我檢討當日的優劣得失；第四，強迫自己，無論多累，絕對不能缺乏書本和知識；第五，扮演好自己的角色，讓別人一眼辨識出來；第六，提醒自己在任何人面前不能顯露出絲毫疲憊、窘迫、憂心忡忡的面貌；第七，**笑容可掬，精神奕奕，面對一切人事物**，即便最親近的人也一般。

52

當你在沮喪的時候，不要忘了拿出一張紙和筆，努力並且專注地尋找自己有別於他人的長處和優點。**記住，凡事已經盡其在我，就已經成功了一半**，不要為眼前暫時的失意，躊躇不前，許多人的成功都是經歷過無數次的失敗才堆砌出來的。

53

要有「別人可以，我也一定能」的想法，更重要的是**一旦確定目標，就要和自己有永不妥協的決心**，無論遭遇到任何的悲慘命運，哪怕是狗猛酒酸、將尋斧柯的境界，也絕不退縮。對自己的決心就如同朝聖者一般的信仰，最後勢必功成名就。

54

有的人終其一生拼命地賺錢，有的人用盡一切方法努力地存錢，有的人有了錢以後開始想捐錢，如果這三個條件集合在一個人身上，**這才是一個完美並且完整的人生**。

55

很多人守株待兔地等待好運到來，很多人用盡心機想要轉變命運，也有許多人希望碰到命中的貴人帶給自己好運，可是事實上在你等待的時候，在你想要轉變的時候，你忘記了**最重要的是引導你的運氣**，並且如何巧妙地去連貫你的運氣。

56

失敗這件事情只要不是變成一種不好的習慣，我總認為適當的失敗反而會給自己帶來成功的契機，以及讓自己的命運沉澱最好的機會。**失敗者中最大的魔箍就是輕易地對自己說放棄。**

57

大多數的成功企業家都有一條基本的信念，早起的鳥才吃得到蟲，你要成功，做任何事，想任何事，都要比他人搶先一步，但在**跨出第一步之前，你也要有做好最後一步的準備，才是萬全之策。**

58

天下沒有百分之百的成功，有的人事業成功，愛情失敗，有的人愛情成功，卻兩手空空。**追求完美、零缺點、無瑕疵，這才是搬石頭砸腳**

的想法，人生過程中整個成功的百分比只要超過百分之七十，這個人已經接近完人。

59

與其盲目地尋找目標，不如**冷靜地坐下來思考自己的長處**，浪費時間就如同貧困的人又跑去豪賭一般，懂得籌劃自己、規劃生活的人，最起碼他可以讓自己安身立命，沒有任何的風險。一個人如果善於計劃和尋找目標，便會比任何人早成功一步，就如同他人只看到了沙灘，你卻已經超越了地平線，尋找到新的陸地。

60

成功的人生是要經過不斷地考驗、錘鍊自己的心性，不要放棄任何與人為善的機會，更應該在小處為別人著想。一有機會就要多做善事，要求自己雖然不必像苦行僧一般，但最起碼要做到心中無愧，頂天立地。要做到每天三個時段的檢查、勉勵和提醒自己，要害怕因果，不要和任何人結怨。對生命永遠要抱持著好奇心，永遠探索和摸尋，遇到困難的時候要雙手合十感謝上蒼，又贈送了珍貴的禮物，而且是他人所沒有的。**真正的力量是自力和他力的結合，真正的成功是行使十方，遍遇貴人**，這樣的人生便是最有力量的人生。

國家圖書館出版品預行編目（CIP）資料

力量——重生之後
王薀 老師／著
初版／台北市 2017.04；
面； 14.8x21 公分；
ISBN 978-986-94458-0-1（平裝）
1.修身 2.人生哲學 3.生活指導
192.1 106002162

力量——重生之後

王薀 老師／著

編輯 拾慧文化創意編輯整理
出版 拾慧文化創意有限公司
地址 台北市郵政信箱 117-772 號
電話 +886-(0)2-2707-8599
傳真 +886-(0)2-2707-5788
Email bhagavanpublishing@gmail.com

歡迎加入王薀老師
facebook 粉絲頁：www.facebook.com/teacherwang777
LINE@：拾慧文創
Instagram：teacheryun777

初版一刷 2017 年 4 月
Printed in Taiwan

ISBN 978-986-94458-0-1
定價 320 元